Ingrid Riedel

Wie ein abgelehntes Kind sein Glück findet

Mit Märchen leben

Ingrid Riedel

Wie ein abgelehntes Kind sein Glück findet

Hans mein Igel

Kreuz

Inhalt

Mein Lieblingsmärchen

Von Angela Seifert

Es war einmal ... ein kleines Mädchen, ein kleiner Junge, etwa vier, fünf Jahre alt. In dieser Zeit gab es Ereignisse, die das weitere Leben der/des Kleinen bestimmten.«

So könnte Ihr eigenes Märchen beginnen. Natürlich kann ich es nicht weiterschreiben, weil ich Sie und Ihre Geschichte nicht kenne, doch ich kann aus meinen Erfahrungen als Psychotherapeutin einiges erzählen, was Ihnen hilfreich sein könnte, selbst ein wenig Klarheit in Ihre Lebensgeschichte zu bringen – wenn das Ihr Anliegen ist.

In der Transaktionsanalyse, die der amerikanische Psychiater und Psychotherapeut Eric Berne begründet hat, arbeiten wir auch mit den Lieblingsmärchen aus der Kindheit und den Geschichten, die später im Leben bedeutungsvoll für die/den Betreffende/n geworden sind.

Wenn Sie wollen, können Sie einmal schauen, ob Sie Ihr persönliches Skriptmuster, Ihr Lebensdrehbuch im Märchen *Hans mein Igel* entdecken.

An welche Ereignisse erinnern Sie sich, als Sie vier oder fünf Jahre alt waren? Wie haben Sie sich damals in der Familie, in der Sie aufgewachsen sind, erlebt? Am Besten, Sie schreiben erst einmal alles auf, was Ihnen einfällt.

Und wenn Sie noch ein Übriges tun wollen, um Ihrer Skriptgeschichte auf den Grund zu gehen, empfiehlt es sich, bevor Sie weiter lesen und vor allem, bevor Sie das Märchen noch einmal lesen, eine kurze Inhaltsangabe des Märchens aus dem Gedächtnis aufzuschreiben, nach dem, was Sie davon noch erinnern. Sie soll wirklich nur kurz sein, fassen Sie das für Sie Wesentliche in wenigen Sätzen zusammen.

Falls Sie sich darüber hinaus noch an ein Buch, Theaterstück, Kinofilm erinnern, das/der Sie in der Zeit der Pubertät, also zwischen 12 und 18 Jahren, sehr beeindruckt hat, schreiben Sie auch eine kurze Zusammenfassung davon. Und wenn Sie dann noch Lust zu weiteren Recherchen über Ihren unbewussten Lebensplan haben, überlegen Sie, welche Geschichte Ihnen in den vergangenen zwei bis drei Jahren wichtig war, und verfahren mit ihr wie mit der Zusammenfassung des Märchens und der Pubertätsgeschichte.

Anschließend können Sie schauen, ob Sie ein gemeinsames Thema zwischen dem Märchen und der Geschichte aus den vergangenen zwei bis drei Jahren entdecken. Das Thema der Pubertätsgeschichte wird auch entweder ähnlich sein, oder es zeigt eine Gegenposition auf. Denn die Adoleszenz ist oft eine Zeit der Rebellion, und da konstelliert sich im Heranwachsenden eine Tendenz, das Alte, Vertraute aufzubrechen, die bis dahin abgelehnte Seite – oft ist es die ureigene, die den Eltern zuliebe unterdrückt wird – in das Verhaltensrepertoire mit aufzunehmen. Die Lieblingsgeschichte aus der Pubertät kann also, falls das Lieblingsmärchen aus der Kindheit und die bevorzugte Lektüre aus jüngster Zeit eine Einseitigkeit und damit eine Einschränkung des Lebendigseins aufweisen, die Lösung beinhalten.

Zu einem richtigen Drehbuch für das Theater oder für einen Film gehören ganz bestimmte Rollen:

- die Hauptperson, um die sich das Ganze dreht – in den Märchen Held oder Heldin genannt – diese Rolle teilt das Kind natürlich sich selbst zu;
- der Widersacher/die Widersacherin, der/die das Leben erschwert – im Märchen tritt diese Person meist als böser Zauberer oder als Hexe auf –, die das Kind in der Person erlebt, die hauptsächlich seine Spontaneität einschränkt;
- der Retter/die Retterin – z. B. eine gute Fee, ein alter Weiser, oft übernehmen auch hilfreiche Tiere diesen Part –,

diese Rolle überträgt das Kind manchmal einer lieben Oma oder einem verständnisvollen Opa, aber auch anderen Menschen, denen es vertraut.

- Dann gibt es auch noch weitere Personen, die unverzichtbar sind, sowie einige Randfiguren, die dazu beitragen, dass die Geschichte unerwartete Verwicklungen erhält, also spannend ist und nicht allzu rasch zu Ende geht.
- Und natürlich, das Wichtigste bei jedem spannenden Drehbuch: Es gibt am Schluss etwas zu gewinnen, eine Prinzessin oder einen Königssohn, einen Schatz, und manchmal sogar das eigene Leben.

Aber die Spannung der Geschichte besteht darin, dass es mittendrin oft so aussieht, als sei dieser Gewinn nicht zu erzielen, als sei er für immer verspielt, als müsste am Ende der Held/die Heldin als Verlierer/Verliererin dastehen.

Es ist eben wie im richtigen Leben, denn Drehbücher jedweder Art werden nach den Erfahrungen geschrieben, die das Leben liefert.

Gerade in den Geschichten der frühen Kindheit, also im Vorschulalter, wird das Thema des weiteren Lebens besonders eindrucksvoll deutlich. In diesem Alter sind Kinder sehr aufnahmebereit für alles, was um sie herum geschieht, sie beobachten genau die Menschen, mit denen sie zu tun haben, vor allem natürlich Mutter, Vater und Geschwister, und: sie treffen eine, später meist nicht mehr bewusste, Entscheidung. Zum Beispiel kann ein Kind sich sagen: »Ich werde nie mehr meine Gefühle zeigen«, wenn es erlebt, dass seine Gefühle nicht ernst genommen werden. Und als Erwachsene/r wird dieser Mensch dann als überwiegend rational denkend oder gar als gefühlskalt von anderen wahrgenommen. Oder ein Kind sieht, dass jemand in der Familie oft krank ist und deswegen besonders viel Aufmerksamkeit erhält. Es kann sich vornehmen: »Ich werde auch oft krank sein, dann kümmern sich die anderen um mich.« Oder – das ist manchmal bei einem Kind der Fall, das als jüngstes in einer Familie aufwächst – es spürt, dass Mama es am liebsten immer bei sich haben, es nicht eines Tages hergeben möchte, dann kann es sich vornehmen: »Ich verlasse Mama nie. Am Besten, ich werde gar nicht wirklich erwachsen.« Daraus wird möglicherweise ein Mensch, der auch im Alter noch kindlich wirkt und von anderen Menschen, z. B. in seinen Partnerschaften, auf ungesunde Weise abhängig bleibt.

Wir nennen diese Schlussfolgerung, die das Kind aus dem zieht, was es in der Familie erlebt – es gibt natürlich noch viel mehr als die hier kurz geschilderten – seine »Skriptentscheidung«. Sie ist maßgebend für den, zunächst einmal unbewussten, persönlichen Lebensplan, denn die Gefühlsreaktionen und Verhaltensweisen werden um die entsprechende Entscheidung herum aufgebaut.

Als Vor-Bilder, um so ein »Lebensdrehbuch« innerlich »schreiben« zu können, sucht sich das Kind aus den Geschichten, die es hört, diejenigen aus, die am Besten zu seiner jeweiligen Entscheidung passen. Zum Beispiel kann es sich mit *Hans mein Igel* identifizieren, wenn es nicht genügend beachtet und geliebt wird, und dieses Märchen zu seinem Lieblingsmärchen erklären, weil es darin beschrieben findet, dass auch ein benachteiligtes Kind sein Glück im Leben finden kann. Oder ein Kind leidet darunter, dass es auf Grund einer Krankheit über längere Zeit ans Haus oder gar ans Bett gefesselt ist, und liebt das Märchen *Hans mein Igel* deshalb, weil Hans eines Tages auf einem Hahn davonreitet und sich vergnügt hoch oben in den Wipfeln eines Baumes aufhält.

So werden die Märchen und Geschichten, die das Kind in der frühen Kindheit hört, zu Leitbildern für ein bestimmtes Muster, sein Lebensskript. Es projiziert sowohl seine innere

Not als auch seine Hoffnung, die Möglichkeit der Erlösung, auf die Gestalten, die ihm das Märchen vorstellt.

Wenn nun jemand sein Lebensskript kennen lernen will, sind dazu die Märchen aus der Kindheit besonders geeignet, weil in ihnen immer – im Gegensatz zu den längeren Geschichten eines Buches – nur ein Thema behandelt wird.

Wenn man viele Lebensgeschichten kennen lernt, fällt auf, dass es für ein Kind zunächst fast immer das Wichtigste ist, seine Eltern glücklich zu machen. Die meisten Kinder tun unheimlich viel für Mama und Papa, wobei dann die Tragik des weiteren Lebens darin besteht, dass sie an dieser »Aufgabe« scheitern. Einem Kind kann es nicht gelingen, dass Mutter und Vater glücklich und gesund sind, dafür können die beiden nur selber sorgen. Zu diesem Zweck kommt das Kind auch nicht auf die Welt. Es wird geboren, um selbst sein Leben zu leben, seinen eigenen Weg zu gehen und sein Glück zu finden. So wie der Held/die Heldin im Märchen. *Hans mein Igel* gelingt dieses Kunststück: Er findet sowohl sein eigenes Glück und er holt schlussendlich auch den Vater zu sich, obwohl dieser ihm in seiner Kindheit nicht gerade wohl gesonnen war.

Was haben Sie für Ihre Eltern getan? Wollten Sie auch, dass Mama zufrieden und Papa stolz war auf die Kleine/den Kleinen? Haben Sie vielleicht besonders viel Rücksicht genommen, wenn Mama wieder einmal Kopfweh hatte oder sehr angestrengt war, weil sie noch weitere Geschwister versorgen oder Geld verdienen musste? Möglicherweise nahmen Sie sich damals vor, immer fleißig zu sein und alles zu tun, was von der Kleinen/dem Kleinen verlangt wurde, um Mama zu entlasten und ihr keine Sorgen zu machen. Vielleicht war Ihr Vater recht stolz auf seine gehorsame Tochter oder auf seinen pfiffigen Sohn und Sie wollten ihn nicht enttäuschen und haben stets nach einer besonderen Lösung für eine schwierige Aufgabe gesucht.

Da kann es natürlich schon zu Überforderungen im zarten Kindesalter kommen und die Folge davon könnte sein, dass Sie später im Leben die an Sie gestellten Aufgaben zu spät richtig einschätzen können und sich aus Angst, nicht rechtzeitig fertig zu werden, allzu tief in Ihre Arbeit stürzen. Oder Sie sind als Erwachsene/r froh, endlich dem Diktat der fordernden Eltern entronnen zu sein, und gehen jetzt Ihr Tagewerk eher locker an, vernachlässigen auch manches und scheinen so ganz zufrieden zu sein.

Wie auch immer – eine Zeitlang macht es im Leben wenig aus, wenn man sich unter- oder überfordert, doch auf Dauer kann beides zu unangenehmen Folgen führen. Zumindest wird der schließliche Lebensgewinn dadurch in Frage gestellt.

Hier wäre also für Sie die Frage nach Ihren Begabungen und Fähigkeiten wichtig. Wissen Sie um alle Begabungen, die in Ihnen angelegt sind, also könnten Sie – im übertragenen Sinne – Ihr Lebensglück auf einem Dudelsack spielend erreichen? Oder meinen Sie, es sei klüger, sich ruhig und unauffällig zu verhalten, sich an einen Platz zu begeben, an dem Sie so schnell niemand sieht, um nicht allzu sehr den Forderungen anderer ausgesetzt zu sein? Auf was verzichten Sie in Ihrem Leben, um nicht gesehen zu werden? Vielleicht meinen Sie, Ihr Äußeres sei nicht attraktiv genug, und ziehen sich in die Einsamkeit Ihrer Wohnung zurück, um gefürchteter Ablehnung zu entgehen. In diesem Märchen sitzt *Hans mein Igel* acht Jahre lang klaglos hinter dem Ofen und noch einmal viele Jahre einsam auf einem Baumwipfel. Er ist ein ausgestoßenes Kind, das als Lösung die Introversion, den Rückzug in sich selbst findet. Doch anders als im Märchen würde ein Kind, das so wenig Beachtung findet, wie es hier beschrieben ist, sicher schwere neurotische Symptome entwickeln, vielleicht autistisch oder schizophren werden und die Menschen seiner Umgebung argwöhnisch und kratzbürstig ablehnen.

Dieses Märchen zeigt, dass die Begabung, die auch in einem abgelehnten Kind angelegt ist, ihm hilft, die Einsamkeit zu verlassen und Menschen zu finden, die es annehmen und lieben.

Sehr oft findet man gerade bei Kindern, die einen äußeren Mangel aufweisen oder eine schwere Erkrankung durchmachen müssen, eine hohe Begabung, die das Einschränkende ausgleicht.

Wie auch immer jemand geartet ist, was auch immer der- oder diejenige in der Kindheit erlebt hat, das Kennen-Lernen und Entfalten der eigenen Begabungen stellt nicht nur eine Lebensaufgabe dar, die nach Erfüllung ruft, es trägt auch dazu bei, schlussendlich als Gewinner dazustehen.

Wenn *Hans mein Igel* Ihr Lieblingsmärchen ist, verfügen Sie möglicherweise über einen ausgesprochen sicheren Instinkt – das abgelehnte Kind weiß, wann es Zeit ist, die Eltern zu verlassen, und es weiß, wie und wo es sein Glück findet. Wenn in Ihnen darüber hinaus auch noch eine starke musische Seite angelegt ist – der Igeljunge kann wunderschöne Musik auf einem Dudelsack spielen – finden Sie sicherlich die Kraft für Ihren Alltag im künstlerischen Tun. Bestimmt ist Ihre Phantasie so ausgeprägt, dass diese Sie, wie *Hans mein Igel*, auf Vogelschwingen, dorthin trägt, wo Ihre Intuition die Möglichkeiten erkennt, die für Sie gerade die richtigen sind.

In diesem Märchen heißt das Thema *»Introversion und Kreativität«*: das abgelehnte Kind findet das, was es für sein Glück braucht, in sich selbst. Es hat einen starken Bezug zum Unbewussten – symbolisiert im Wald, in dem es sich lange aufhält – und zur »Mutter Natur« – dargestellt in der wachsenden Schweineherde. So wird für dieses Kind aus einer anderen Quelle gesorgt als der einer menschlichen Familie.

Wie passt das zu Ihrem persönlichen Lebensthema?

Kann es sein, dass Sie – aus welchen Gründen auch immer – schon als Kind viel Zeit für sich selbst brauchten, während die anderen Kinder gerne in Gruppen beieinander waren? Haben Sie sich vielleicht auf Grund dieses Bedürfnisses oft »anders« gefühlt als die anderen, die dafür wenig Verständnis hatten und Sie dann aus ihren Spielen ausgeschlossen haben?

Welche Konsequenz hat der kleine Junge/das kleine Mädchen, der/das Sie damals gewesen sind, daraus gezogen, bzw. welche Entscheidung hat er/es getroffen? »Ich werde einmal ...« – wie geht der Satz für Sie weiter?

Wenn Sie diesen zentralen Satz Ihres Lebensdrehbuchs gefunden haben, auch auf Grund der drei Geschichten, die Sie als Zusammenfassungen schrieben, dann schauen Sie jetzt einmal, ob Sie ihm bisher gefolgt sind und ob Sie ihm weiterhin folgen wollen.

Die so genannte Skriptentscheidung ist für das Kind eine optimale Möglichkeit zur notwendigen Lebensbewältigung. Es fasst den Entschluss ja aus den Gegebenheiten, die es in der Familie vorfindet, in die es hineingeboren wurde. Es hat die Menschen seiner Umgebung bis zu diesem Zeitpunkt gut genug kennen gelernt, um abschätzen zu können, auf welche Art und Weise es größtmögliche Bestätigung und Zuwendung erhält. Denn darauf ist jedes Kind in höchstem Maße angewiesen. Erwachsene brauchen sie natürlich auch, doch in der Kindheit sind Bestätigung und Zuwendung lebensnotwendig.

Insofern ist jede Skriptentscheidung eine kreative, bestmögliche Lösung für das Kind in dem Leben, wie es sich ihm stellt. Erst später merken die Erwachsenen dann oft, dass diese Grundsätze, die das Kind sich damals gegeben hat, heute nicht mehr so recht passen, dass sie das Leben einengen, dass sie eher ein Gefängnis sind als ihnen einen weiten Spielraum für die vielfältigen Lebensmöglichkeiten zu lassen.

Das Bekannte bietet ja Sicherheit, während das Unbekannte erst einmal Angst machen kann. Aus diesem Grund halten dann Menschen manchmal lieber an alten Mustern fest, als sich neuen Erfahrungen zu öffnen.

Das Märchen *Hans mein Igel* zeigt uns, dass es im Leben durchaus angebracht sein kann, etwas Ungewöhnliches zu tun. Jeder Mensch ist einmalig und braucht einen auf ihn ganz persönlich zugeschnittenen Entwicklungsweg. Hier wird die Einzigartigkeit des Kindes in einem Jungen dargestellt, der halb Igel, halb Mensch ist. So wartet auch ein ganz individuelles Schicksal auf ihn. Er tut das Außergewöhnliche, weil er außergewöhnlich ist. Er verlässt die Konventionen und reitet auf einem Hahn statt auf einem Pferd, er sitzt zum Schweinehüten in einem Baum und nicht wie sonst üblich auf einer Wiese.

Vielleicht ist Ihnen das ja auch ein Anliegen: Mutig Ihr Leben selbst in die Hand zu nehmen und sich vertrauensvoll in Ihr Schicksal hineinzugeben. Es könnte eine spannende Frage und Aufgabe für Sie sein, sich immer wieder Klarheit darüber zu verschaffen, was wohl das Schicksal mit Ihnen vorhat und wie Sie selbst Ihr Leben individuell gestalten können.

Und es gibt noch einen ganz wichtigen Punkt anzusprechen: Eric Berne warnte immer wieder davor, einem inneren, unbewussten »Dämon« anheim zu fallen, der alles, was man sich so schön aufgebaut hat, zunichte machen könnte. Hier liegt die Gefahr darin, in eine Einseitigkeit abzugleiten, also in einem Extrem zu leben, in übertriebener Originalität die Aufmerksamkeit der anderen auf sich ziehen zu wollen, oder sich völlig zu isolieren.

Es ist sehr wichtig, immer wieder zu bedenken, dass zwei starke Kräfte den Menschen bestimmen: die in das Leben hineindrängenden und die das Leben wieder verlassen wollenden. Sigmund Freud nannte sie »Lebenstrieb«, »Libido« und »Todestrieb«, »Destrudo«. Mit beiden Kräften sollten wir bewusst umgehen, denn alles, was unbewusst verläuft, entzieht sich unserer Kontrolle und Steuerung. Leider handeln viele Menschen selbst-destruktiv, weil sie sich nicht mögen. Gerade für sie könnte dieses Märchen eine große Hilfe sein, weil sein Schicksal annehmen und sich selbst dabei nicht verleugnen auch sich selbst annehmen bedeutet.

Im alten Griechenland jedoch verstand man unter dem »Daimon« eine inspirierende Kraft. Hier ist sie symbolisiert im Spiel des Dudelsacks, das ja den Aufbruch aus der Einsamkeit bewirkt.

Wenn wir in dem Wort »Daimon« aber den »Dämon« sehen, dann bedeutet es zwar die gleiche Kraft, doch eine, die zerstörerisch wirkt. In diesem Märchen sind beide symbolisiert in den Vätern: der eigene Vater lehnt das Kind ab und der erste König, der vorbeikommt, will *Hans mein Igel* töten lassen. Erst der zweite König gibt ihm die Anerkennung, die einem Menschen – und sei er auch noch so wunderlich – gebührt.

Anders gesagt: die größte Stärke, die wir haben, kann zur größten Schwäche werden und wenn wir meinen, irgendwo eine Schwäche zu spüren, kann insgeheim gerade in ihr eine große Kraft liegen. Das heißt: Uns allen steht ein starker seelischer Energiestrom zur Verfügung, doch müssen wir darauf achten, wie und in welcher Art und Weise wir ihn für uns in Anspruch nehmen, damit er uns dient. Wir können mit dieser Energie etwas Gutes für uns und andere tun, wir können darauf achten, dass sie unser Leben bereichert und nicht schmälert. So werden wir mit ihrer Hilfe letztendlich zum »Gewinner«. Für das eigene Leben heißt gewinnen: sich ganz individuell, ganz einzigartig, als die und der sie und er gemeint ist, zu entwickeln, alles, was an Begabungen angelegt ist, herauszuholen, zu fördern und schließlich mit sich selbst und der Welt in Einklang und Frieden zu sein.

Um dies zu erreichen, lohnt es sich bestimmt, das Thema und das »Drehbuch« des eigenen Lebens kennen zu lernen, sich also dazu die Geschichten anzuschauen, die uns auf unserem bisherigen Lebensweg begleitet haben.

Ich wünsche Ihnen für diese spannende Suche viel Neugierde und viel Freude.

Ingrid Riedel

Wie ein abgelehntes Kind sein Glück findet

Hans mein Igel

Es war einmal ein Bauer, der hatte Geld und Gut genug, aber wie reich er war, so fehlte doch etwas an seinem Glück: Er hatte mit seiner Frau keine Kinder. Öfters, wenn er mit den andern Bauern in die Stadt ging, spotteten sie und fragten, warum er keine Kinder hätte. Da ward er endlich zornig, und als er nach Haus kam, sprach er: »Ich will ein Kind haben, und sollt's ein Igel sein.« Da kriegte seine Frau ein Kind, das war oben ein Igel und unten ein Junge, und als sie das Kind sah, erschrak sie und sprach: »Siehst du, du hast uns verwünscht.« Da sprach der Mann: »Was kann das alles helfen, getauft muss der Junge werden, aber wir können keinen Gevatter dazu nehmen.« Die Frau sprach: »Wir können ihn auch nicht anders taufen als Hans mein Igel.« Als er getauft war, sagte der Pfarrer: »Der kann wegen seiner Stacheln in kein ordentlich Bett kommen.« Da ward hinter dem Ofen ein wenig Stroh zurechtgemacht und Hans mein Igel darauf gelegt. Er konnte auch an der Mutter nicht trinken, denn er hätte sie mit seinen Stacheln gestochen. So lag er da hinter dem Ofen acht Jahre, und sein Vater war ihn müde und dachte, wenn er nur stürbe; aber er starb nicht, sondern blieb da liegen. Nun trug es sich zu, dass in der Stadt ein Markt war, und der Bauer wollte hingehen, da fragte er seine Frau, was er ihr sollte mitbringen. »Ein wenig Fleisch und ein paar Wecke, was zum Haushalt gehört«, sprach sie. Darauf fragte er die Magd, die wollte ein paar Toffeln und Zwickelstrümpfe. Endlich sagte er auch: »Hans mein Igel, was willst du denn haben?« –

»Väterchen«, sprach er, »bring mir doch einen Dudelsack mit.« Wie nun der Bauer wieder nach Haus kam, gab er der Frau, was er ihr gekauft hatte, Fleisch und Wecke, dann gab er der Magd die Toffeln und die Zwickelstrümpfe, endlich ging er hinter den Ofen und gab dem Hans mein Igel den Dudelsack. Und wie Hans mein Igel den Dudelsack hatte, sprach er: »Väterchen, geht doch vor die Schmiede und lasst mir meinen Göckelhahn beschlagen, dann will ich fortreiten und will nimmermehr wiederkommen.« Da war der Vater froh, dass er ihn loswerden sollte, und ließ ihm den Hahn beschlagen, und als er fertig war, setzte sich Hans mein Igel darauf, ritt fort, nahm auch Schweine und Esel mit, die wollte er draußen im Walde hüten. Im Wald aber musste der Hahn mit ihm auf einen hohen Baum fliegen, da saß er und hütete die Esel und Schweine und saß lange Jahre, bis die Herde ganz groß war, und wusste sein Vater nichts von ihm. Wenn er aber auf dem Baum saß, blies er seinen Dudelsack und machte Musik, die war sehr schön. Einmal kam ein König vorbeigefahren, der hatte sich verirrt, und hörte die Musik; da wunderte er sich darüber und schickte seinen Bedienten hin, er sollte sich einmal umgucken, wo die Musik herkäme. Er guckte sich um, sah aber nichts als ein kleines Tier auf dem Baum oben sitzen, das war wie ein Göckelhahn, auf dem ein Igel saß, und der machte die Musik. Da sprach der König zum Bedienten, er sollte fragen, warum er da säße und ob er nicht wüsste, wo der Weg in sein Königreich ginge. Da stieg Hans mein Igel vom Baum und sprach, er wollte den Weg zeigen, wenn der König ihm wollte verschreiben und versprechen, was ihm zuerst begegnete am königlichen Hofe, sobald er nach Hause käme. Da dachte der König: Das kann ich leicht tun, Hans mein Igel versteht's doch nicht, und ich kann schreiben, was ich will. Da nahm der König Feder und Tinte und schrieb etwas auf, und als es geschehen war, zeigte ihm

Hans mein Igel den Weg, und er kam glücklich nach Haus. Seine Tochter aber, wie sie ihn von weitem sah, war so voll Freuden, dass sie ihm entgegen lief und ihn küsste. Da gedachte er an Hans mein Igel und erzählte ihr, wie es ihm gegangen wäre und dass er einem wunderlichen Tier hatte verschreiben sollen, was ihm daheim zuerst begegnen würde, und das Tier hätte auf einem Hahn wie auf einem Pferde gesessen und schöne Musik gemacht; er hätte aber geschrieben, es sollt's nicht haben, denn Hans mein Igel könnt' es doch nicht lesen. Darüber war die Prinzessin froh und sagte, das wäre gut, denn sie wäre doch nimmermehr hingegangen.

Hans mein Igel aber hütete die Esel und Schweine, war immer lustig, saß auf dem Baum und blies auf seinem Dudelsack. Nun geschah es, dass ein anderer König gefahren kam mit seinen Bedienten und Laufern und hatte sich verirrt und wusste nicht, wieder nach Hause zu kommen, weil der Wald so groß war. Da hörte er gleichfalls die schöne Musik von weitem und sprach zu seinem Laufer, was das wohl wäre, er sollte einmal zusehen. Da ging der Laufer hin unter den Baum und sah den Göckelhahn sitzen und Hans mein Igel obendrauf. Der Laufer fragte ihn, was er da oben vorhätte. »Ich hüte meine Esel und Schweine; aber was ist Euer Begehren?« Der Laufer sagte, sie hätten sich verirrt und könnten nicht wieder ins Königreich, ob er ihnen den Weg nicht zeigen wollte. Da stieg Hans mein Igel mit dem Hahn vom Baum herunter und sagte zu dem alten König, er wolle ihm den Weg zeigen, wenn er ihm zu eigen geben wollte, was ihm zu Haus vor seinem königlichen Schlosse das erste begegnen würde. Der König sagte Ja und unterschrieb sich dem Hans mein Igel, er sollte es haben. Als das geschehen war, ritt er auf dem Göckelhahn voraus und zeigte ihm den Weg und gelangte der König glücklich wieder in sein Reich. Wie er auf den Hof kam, war große Freude darü-

ber. Nun hatte er eine einzige Tochter, die war sehr schön, die lief ihm entgegen, fiel ihm um den Hals und küsste ihn und freute sich, dass ihr alter Vater wiederkam. Sie fragte ihn auch, wo er so lange in der Welt gewesen wäre, da erzählte er ihr, er hätte sich verirrt und wäre beinahe gar nicht wiedergekommen, aber als er durch einen großen Wald gefahren wäre, hätte einer, halb wie ein Igel, halb wie ein Mensch, rittlings auf einem Hahn in einem hohen Baum gesessen und schöne Musik gemacht, der hätte ihm fortgeholfen und den Weg gezeigt, er aber hätte ihm dafür versprochen, was ihm am königlichen Hofe zuerst begegnete, und das wäre sie, und das täte ihm nun so Leid. Da versprach sie ihm aber, sie wollte gerne mit ihm gehen, wann er käme, ihrem alten Vater zuliebe.

Hans mein Igel aber hütete seine Schweine, und die Schweine bekamen wieder Schweine und wurden ihrer so viel, dass der ganze Wald voll war. Da wollte Hans mein Igel nicht länger im Walde leben und ließ seinem Vater sagen, sie sollten alle Ställe im Dorf räumen, denn er käme mit einer so großen Herde, dass jeder schlachten könnte, der nur schlachten wollte. Da war sein Vater betrübt, als er das hörte, denn er dachte, Hans mein Igel wäre schon lange gestorben. Hans mein Igel aber setzte sich auf seinen Göckelhahn, trieb die Schweine vor sich her ins Dorf und ließ schlachten; hu! da war ein Gemetzel und ein Hacken, dass man's zwei Stunden weit hören konnte. Danach sagte Hans mein Igel: »Väterchen, lasst mir meinen Göckelhahn noch einmal vor der Schmiede beschlagen, dann reit ich fort und komme mein Lebtag nicht wieder.« Da ließ der Vater den Göckelhahn beschlagen und war froh, dass Hans mein Igel nicht wiederkommen wollte.

Hans mein Igel ritt fort in das erste Königreich, da hatte der König befohlen, wenn einer käme auf einem Hahn geritten und hätte einen Dudelsack bei sich, dann sollten alle auf ihn schießen, hauen und stechen, damit er nicht ins Schloss käme. Als nun Hans mein Igel dahergeritten kam, drangen sie mit den Bajonetten auf ihn ein, aber er gab dem Hahn die Sporn, flog auf über das Tor hin vor des Königs Fenster, ließ sich da nieder und rief ihm zu, er sollt ihm geben, was er versprochen hätte, sonst so wollt er ihm und seiner Tochter das Leben nehmen. Da gab der König seiner Tochter gute Worte, sie möchte zu ihm hinausgehen, damit sie ihm und sich das Leben rettete. Da zog sie sich weiß an, und ihr Vater gab ihr einen Wagen mit sechs Pferden und herrliche Bediente, Geld und Gut. Sie setzte sich ein, und Hans mein Igel mit seinem Hahn und Dudelsack neben sie, dann nahmen sie Abschied und zogen fort, und der König dachte, er kriegte sie nicht wieder zu sehen. Es ging aber anders, als er dachte; denn als sie ein Stück Wegs von der Stadt waren, da zog ihr Hans mein Igel die schönen Kleider aus und stach sie mit seiner Igelhaut, bis sie ganz blutig war, sagte: »Das ist der Lohn für eure Falschheit, geh hin, ich will dich nicht«, und jagte sie damit nach Hause, und war sie beschimpft ihr Lebtag.

Hans mein Igel aber ritt weiter auf seinem Göckelhahn und mit seinem Dudelsack nach dem zweiten Königreich, wo er dem König auch den Weg gezeigt hatte. Der aber hatte bestellt, wenn einer käme wie Hans mein Igel, sollten sie das Gewehr präsentieren, ihn frei hereinführen, Vivat rufen und ihn ins königliche Schloss bringen. Wie ihn nun die Königstochter sah, war sie erschrocken, weil er doch gar zu wunderlich aussah, sie dachte aber, es wäre nicht anders, sie hätte es ihrem Vater versprochen. Da ward Hans mein Igel von ihr bewillkommt und ward mit ihr vermählt, und er musste mit an die königliche Tafel gehen, und sie setzte sich zu seiner Seite, und sie aßen und tranken. Wie's nun Abend ward, dass sie wollten schlafen gehen, da fürchtete sie sich sehr vor seinen Stacheln; er aber sprach, sie sollte sich nicht fürchten, es geschähe ihr kein Leid, und sagte zu dem alten König, er sollte vier Mann bestellen, die sollten wachen vor der Kammertüre und ein großes Feuer anmachen, und wann er in die Kammer einginge und sich ins Bett legen wollte, würde er aus seiner Igelshaut herauskriechen und sie vor dem Bett liegen lassen: dann sollten die Männer hurtig herbeispringen und sie ins Feuer werfen, auch dabei bleiben, bis sie vom Feuer verzehrt wäre. Wie die Glocke nun elfe schlug, da ging er in die Kammer, streifte die Igelshaut ab und ließ sie vor dem Bett liegen. Da kamen die Männer und holten sie geschwind und warfen sie ins Feuer; und als sie das Feuer verzehrt hatte, da war er erlöst und lag da im Bett ganz als ein Mensch gestaltet, aber er war kohlschwarz, wie gebrannt. Der König schickte zu seinem Arzt, der wusch ihn mit guten Salben und balsamierte ihn, da ward er weiß und war ein schöner junger Herr. Wie das die Königstochter sah, war sie froh, und am andern Morgen stiegen sie mit Freuden auf, aßen und tranken, und ward die Vermählung erst recht gefeiert, und Hans mein Igel bekam das Königreich von dem alten König.

Wie etliche Jahre herum waren, fuhr er mit seiner Gemahlin zu seinem Vater und sagte, er wäre sein Sohn; der Vater aber sprach, er hätte keinen, er hätte nur einen gehabt, der wäre aber wie ein Igel mit Stacheln geboren worden und wäre in die Welt gegangen. Da gab er sich zu erkennen, und der alte Vater freute sich und ging mit ihm in sein Königreich.

Mein Märchen ist aus
und geht vor Gustchen sein Haus.

Zum Igel gestempelt

»Es war einmal ein Bauer, der hatte Geld und Gut genug, aber wie reich er war, so fehlte doch etwas an seinem Glück: Er hatte mit seiner Frau keine Kinder. Öfters, wenn er mit den andern Bauern in die Stadt ging, spotteten sie und fragten, warum er keine Kinder hätte. Da ward er endlich zornig, und als er nach Haus kam, sprach er: ›Ich will ein Kind haben, und sollt's ein Igel sein.‹ Da kriegte seine Frau ein Kind, das war oben ein Igel und unten ein Junge, und als sie das Kind sah, erschrak sie und sprach: ›Siehst du, du hast uns verwünscht.‹ Da sprach der Mann: ›Was kann das alles helfen, getauft muss der Junge werden, aber wir können keinen Gevatter dazu nehmen.‹ Die Frau sprach: ›Wir können ihn auch nicht anders taufen als Hans mein Igel.‹«

Hans mein Igel: Was mag das für ein Junge sein, der so gerufen wird? Wie mag er sich mit diesem Rufnamen fühlen? Es gibt ja merkwürdige Rufnamen, einer Idee der Eltern, dass ihr Kind etwas Besonderes sei oder werden müsse, entsprungen. Meist geniert sich das Kind dafür, weil dieser Name so auffällig ist, weil es sich dadurch herausgehoben und abgesondert fühlt von den anderen Kindern.

»Hans«, das ist zwar ein sehr gebräuchlicher Name. Für ihn muss sich der Junge sicher nicht schämen. Dieser Name weist ihn als ein Kind unter anderen Kindern aus. Aber was mag sich unter dieser ständigen Beifügung »mein Igel« verbergen? Wie mag sie auf den Jungen wirken?

Schon wenn einer öfters »Hans mein Großer« oder »Hans mein Vernünftiger« genannt würde, bedeutete das zumindest eine Festlegung auf eine Rolle. Oft ist ein Leistungsanspruch an den Ältesten, den Großen damit verbunden, die den Jungen überfordert und überfährt. Würde er dagegen »Hans mein Kleiner«, »Hans mein Lieber« genannt, so bedeutete dies eine zärtliche Vereinnahmung des Jungen, der sich dem damit verbundenen Liebesanspruch nur schwer würde entziehen können. Überhaupt dieses »mein«, dieses besitzanzeigende Fürwort: Es zeigt doch, dass Hans von jemandem recht selbstbezogen betrachtet und gerufen wird; für denjenigen spielt er eine bestimmte Rolle, muss sie ihm spielen.

Und nun »Hans mein Igel«? Als stachelig, als widerborstig wird er wohl angesehen, dieser Hans, den Igel gibt er ab. Für wen aber ist er der Igel? Für jeden schließlich, der ihn so ruft, der ihn so nennt. Für die Eltern auf jeden Fall, die ihn, wie das Märchen sagt, auf diesen Namen getauft haben. Vorgeschlagen wurde dieser Name von der Mutter.

Einen Igel kann man schwer anfassen, gar nicht, wenn er die Stacheln aufstellt. Dann würde man sich sehr an ihm verletzen. Warum stellt er sie aber auf? Ausschließlich in Notwehr, erfahren wir bei Grzimek, dann »igelt er sich ein«. Denn er ist selbst sehr verletzlich, hat einen zarten, unbedeckten Unterkörper und ist ganz ohne Angriffswaffen.

Natürlich lässt ein Igel sich anfassen, wenn wir es richtig anstellen. Aber wir müssen es sehr behutsam tun, er muss merken können, dass wir nicht als Angreifer kommen. Kindern gelingt es oft, den Igel in die Hände zu nehmen, ja ihn zu streicheln. Viele lieben »ihren« Igel, füttern ihn mit Milch und halten ihn wie ein Haustier.

»Hans mein Igel« – das könnte also auch ein zärtlicher Name sein, wenn man seinen Igel verstünde.

Unser Märchen aber erzählt von Eltern, die Igel-Hans nicht verstehen, die ihn ablehnen, weil er nicht ist wie ihr

Wunsch-Kind, weil er ihrer Vorstellung nicht entspricht: Er ist so stachelig, so abweisend, dass er an der Mutter nicht trinken kann, vielleicht auch nicht trinken mag. Er igelt sich ein, schließt sich ab, liegt hinter dem Ofen, bewegt sich kaum, spricht nicht viel, hat Züge eines autistischen Kindes.

Dabei ahnen diese Eltern gar nicht, wie eine wirkliche Igel-Mutter ihr Igel-Kind aufnähme. Der Empfang der Igel-Jungen durch die Mutter ist voll nahem Körperkontakt, fast möchte man sagen voll Zärtlichkeit.

Als erstes wird das Junge von der Igel-Mutter am ganzen Körper beleckt: »Wenn das letzte geboren ist – meist sind es fünf bis sieben Junge –, nimmt die Mutter die Kleinen einzeln mit dem Mund auf und legt sie an ihren Bauch, wo sie gleich an den Zitzen zu trinken beginnen. Die Neugeborenen sind fünfeinhalb bis zehn Zentimeter lang, wiegen fünfzehn bis fünfundzwanzig Gramm und haben geschlossene Augen und Ohren. Sie sind auf der Unterseite rosa, auf dem Rücken grau und völlig haarlos. Die Haut umschließt den Körper straff und enthält viel Wasser. Dadurch bildet sich ein Polster, aus dem die dünnen, weißen ersten Jugendstacheln nur etwa drei Millimeter über die Hautfläche des Rückens herausragen. Bei der Geburt werden sie in das Hautpolster zurückgedrückt, so dass sie die Mutter nicht verletzen.«*

* Diese und die folgenden Informationen über den Igel entnehme ich »Grzimeks Tierleben« von Bernhard Grzimek, Enzyklopädie des Tierreichs, Band 10, Säugetiere I, S. 192 ff., zitiert nach der dtv-Ausgabe, München 1979.

Das ertrotzte Kind

So sind nun die Menschen-Eltern unseres Hans mit seiner Geburt recht gestraft?

Es ist ein besonderer Zug dieses Märchens, dass es uns – gleichsam in einer vorwissenschaftlichen Psychologie – auch die Vorgeschichte erzählt, die der Geburt dieses Jungen vorangeht. Es berichtet uns, wie dieses Elternpaar zu »Hans mein Igel« kommt.

Der psychologischen Erfahrungsweisheit der Märchen ist nicht entgangen, dass es nicht unabhängig von der Einstellung der Eltern ist, welches Kind sie bekommen und wie sie es aufnehmen, dass ihrem Wunsch nach einem Kind dann schließlich doch ein einzigartiges und selbständiges Wesen entspringt. Dieser Hans nun entspringt vor allem dem Prestigebedürfnis seines bäuerlichen Vaters, der es nicht länger erträgt, den Hänseleien der Dorfnachbarn ausgesetzt zu sein, die ihn fragen, warum er denn keine Kinder habe. Er spürt einen sozialen Druck von den Nachbarn her, aber vor allem wohl auch von seinem eigenen Bedürfnis, in der Soziologie des ländlichen Patriarchats begründet, einen Nachkommen, einen Hoferben zu haben. Schließlich ist er reich an Gütern. Letztlich und vielleicht am dringlichsten betroffen ist er natürlich in seiner Selbstachtung als Mann. Wieso sollte es ihm nicht möglich sein, ein Kind zu zeugen? Nicht der spontane Wunsch nach einem Kind, die erwartungsvolle Freude darauf, ein überraschendes, selbständiges Wesen in seiner Entwicklung zu begleiten, sondern das Bedürfnis des Vaters nach Selbstbestätigung und sozialer Anerkennung hat diesen Jungen hervorgebracht. Überhaupt wird die Mutter, die das Kind letzten Endes austragen und gebären soll, zu Beginn des Märchens gar nicht erwähnt; nach ihrer Motivation, ein Kind zu bekommen, wird offenbar gar nicht gefragt.

Schon diese Beobachtungen machen nachdenklich und legen uns nahe, die Lebenswelt dieses Jungen, in die er hineingeboren werden soll, als ein bäuerliches Patriarchat zu betrachten, in dem die Frau wenig Bedeutung hat. Auffällig stark wird denn auch die Bezogenheit des Jungen auf den Vater beschrieben, auch noch in seiner Auseinandersetzung mit ihm, auch noch in den Ablösungskrisen von ihm. Die Mutter spielt hier kaum eine Rolle. Die Erfahrung einer geachteten, starken Mutter, eines durchhalte- und durchsetzungsfähigen Mütterlichen, wird diesem Jungen entsprechend fehlen. Einem Kraftausdruck, einer Selbstverwünschung des in seinem Stolz verletzten Vaters verdankt der Junge denn auch sein Leben: »Ich will ein Kind haben, und sollt's ein Igel sein.« Hören wir von solch einer Verwünschung im Märchen, so haben wir guten Grund zu erschrecken, wissen wir doch, dass im Märchen solche Wünsche unversehens Wirklichkeit werden: Gute wie böse Wünsche können hier plötzlich wahr werden. Unter solchen Umständen müsste man sich direkt vor seinen Wünschen hüten! Falls uns dies aber nur »märchenhaft« und unwahrscheinlich vorkäme, hätten wir uns noch nicht klargemacht, dass in der psychischen Realität nach wie vor das gleiche geschieht: Wunschphantasien haben eine starke Tendenz, sich zu realisieren, im Guten wie im Bösen. Gibt es heute doch sogar Methoden, ein solches Phantasieren und Imaginieren von Wünschen therapeutisch einzusetzen, gerade auch im positiven und progressiven Sinne als ein Probehandeln zur Veränderung der Situation.

Hier im Märchen haben wir einen trotzigen, in sich sehr ambivalenten Wunsch vernommen: Ein Kind muss her – und sollte es ein Igel werden, ein »Stachelpeter«, wie ein anderer Ausdruck für solch ein Igel-Kind lautet. Ein Kind muss her – und sollte es ein »böses« werden: In diesem Sinne hörte ich neulich ein Ehepaar reden, beide schon an die Vierzig. Es war wohl noch ein bisschen Humor und Selbstironie dabei, als sie das sagten, aber dahinter stand doch eine grimmige Entschlossenheit. Zunächst verweigerte sich die Natur, indem eine Fehlgeburt auf die andere folgte. Als schließlich doch ein Kind kam, anfangs begeistert begrüßt, waren die Eltern sehr befremdet, als es sich auffallend aggressiv zeigte, und ahnten keinerlei Zusammenhang damit, dass es das eigene zwanghafte Ertrotzen gewesen sein könnte, das sich in dem Kind spiegelte.

Doch zurück zu unserem Märchen: Als wohlhabend wird dieser Bauer geschildert; seine Produktivität und Kreativität hat sich wohl auf das Erwerben und Vermehren von Besitz konzentriert. Im Bereich des Habens ist viel zusammengekommen. Soweit »Glück haben« auch darin besteht, hat er Glück gehabt. Doch Glück besteht offenbar aus mehr: Seine Ehe ist bisher kinderlos geblieben, und das »fehlt ihm an seinem Glück«. »Es wäre sinnvoll für ein Paar, den Sinn dieser Kinderlosigkeit zu ergründen, den Schmerz darüber nicht in eine Haben-wollen-Haltung umzubiegen: Mit dem auferlegten Verzicht schöpferisch umzugehen, das wäre eine Lösung« (Verena Kast). Diese schöpferische Lösung ist so schwer zu finden, weil das betreffende Paar sich ja zunächst und ausdrücklich ein reales Kind wünscht, kein symbolisches. Ein symbolisches Kind könnte sich in einer Erneuerung der Beziehung eines Paares zeigen.

Ob es berechtigt ist, den kinderlosen Zustand einer Partnerschaft auch im übertragenen Sinn zu verstehen, dass also im Bereich der Beziehung zwischen diesem Mann und seiner Frau auch etwas unfruchtbar geblieben wäre? Oft – keinesfalls immer – hängt ja die Unfruchtbarkeit eines Paares wirklich damit zusammen, dass innerhalb dieser Beziehung etwas nicht ganz aufgeht und sie deshalb blockiert; dass diese beiden Menschen also nicht ganz lebendig, nicht ganz schöpferisch miteinander leben, vielleicht auch mehr im Besitz-Stand als im Stande der Beziehung. Eine innerlich unlebendige, freudlos gewordene Beziehung kann in Mann und Frau bekanntlich Unfruchtbarkeit begünstigen, ja sogar bewirken. Die Frau ist dann vom Unbewussten her, das aber, wie wir wissen, alles Physische beeinflusst, nicht zur Empfängnis bereit, der Mann wiederum ist in seiner Zeugungsfähigkeit blockiert.

Dieses Paar bespricht offenbar seinen Kinderwunsch auch nicht wirklich miteinander. Der Mann steigert sich in seinen Wunsch nach einem Kind hinein bis zum Ertrotzen durch Selbstverwünschung. Die Frau bekommt schließlich das Kind, erschrickt aber, als sie es sieht, und bringt sein unübliches Aussehen sofort mit der Verwünschung des Mannes, von der sie offenbar weiß, in Verbindung: »Siehst du, du hast uns verwünscht!« So »rächt« sie sich dafür, dass sie für den Kinderwunsch des Mannes eingespannt wurde, dadurch, dass sie jetzt ihm die Schuld für das missratene Kind zuschiebt. Wie oft erleben wir dieses Hin- und Herschieben der Schuld zwischen den Ehepartnern für ein in den Augen seiner Eltern nicht ganz »geglücktes« Kind!

Inwiefern ist dieses Kind aber überhaupt missraten? Es ist, so beschreibt es das Märchen, nicht mehr und nicht weniger als »oben ein Igel und unten ein Junge«. Entweder also ist es vom Kopf bis zum Nabel ein Igel und weiter unten ein Junge, oder, das erscheint mir wahrscheinlicher, erscheint er am Rücken als Igel und von vorne als ein richtiger männlicher Mensch. Dieses Bild ist nun, wie es in den Märchen öfters vorkommt, ein konkretes Bild: Kinder, deren Geburt auf Verwünschung beruht, werden als wirkliche Tiere geschildert, als Eselchen in »Das Eselein«, als Kalb in »Der Kalber König«, ja als Biene. Häufig treffen wir in den sogenannten Tier-Bräutigam-Märchen solch einen als Tier geborenen Helden auch als erwachsenen Menschen an, der aber noch immer in seiner Tierhaut steckt. In »Das singende, springende Löweneckerchen« hat der Mann eine Löwenhaut. Und immer geht es in diesen Märchen darum, ob ein solcher in einer Tierhaut geborener Mensch zum wirklichen Menschen gewandelt werden kann und dann die Tierhaut verliert. Immer geschieht das nur dann, wenn er sich so bedingungslos einem anderen Menschen zuwendet wie dieser sich ihm. Im fraglosen gegenseitigen Annehmen und Angenommensein kann die Tierhaut abgelegt werden.

Es geht dabei darum, dass unter der Tierhaut immer ein Mensch verborgen ist, dass die Tierhaut ein Bild für etwas ist, was dem Menschlichen dieses Tierbräutigams anhaftet und es zugleich entstellt. Es kann also nicht primär um eine körperliche Verunstaltung gehen – obgleich wir anhand dieses Märchens auch darüber nachdenken müssen, wie ein körperlich missgestaltetes Kind von solchen Eltern aufgenommen würde, die sich ein Kind nicht um seiner, sondern um ihrer selbst willen wünschen, um so dazustehen wie andere Menschen auch, um an Selbstwert zu gewinnen als Mann oder als Frau. Es geht aber bei unserem Igel-Kind wohl nicht so sehr um eine körperliche Verunstaltung – es sei denn, es habe vielleicht eine sehr rauhe, schorfige Haut, vielleicht ein Igel-Schnäuzchen oder eine fliehende Stirn? – als vielmehr eher um eine psychische: Dieses Kind wäre als stachelig vorzustellen, als abweisend, sich einrollend, keinen Kontakt aufnehmend.

An Grzimeks Schilderung können wir noch einmal vergleichen, wie ein natürlicher Igel aussieht, und uns daran unsere Gedanken über die möglichen Auffälligkeiten dieses Jungen – der einem Igel gleichen soll – machen, seien sie physischer oder psychischer Natur: »Sein Kopf ist länglich und spitz kegelförmig, Augen und Ohrmuscheln sind gut ausgebildet. Die echten Igel tragen auf dem ganzen Rücken ein einheitliches Stachelkleid, ungefurchte, nadelartig spitze Stacheln … Besondere Rückenmuskulatur ermöglicht das Zusammenkugeln des Körpers und das Aufstellen der Stacheln.« Zum Verhalten der Igel schreibt Grzimek: »Igel sind Einzelgänger und weichen Begegnungen mit Artgenossen meist aus. Wenn ein Igel einen Menschen hört oder riecht, läuft er meist trippelnd ins nächste Versteck oder rollt sich fauchend zusammen und bleibt als Kugel liegen. Erst nach geraumer Zeit rollt er sich langsam und misstrauisch auf; bei der geringsten Störung rollt er sich sofort wieder zusammen.«

Als ich dieses Märchen in einer Gruppe erarbeitete, in der wir – um uns das Märchen persönlich nahe kommen zu lassen – auch eigene Bildvorstellungen dazu ausphantasierten und Imaginationen aufsteigen ließen, versuchten wir, uns »Hans mein Igel« in der Phantasie auszumalen.

Einige versuchten vor allem, sich sein Gesicht vorzustellen, wohl auch als Reaktion darauf, dass dieser Hans im Märchen von seiner Umwelt so wenig persönlich wahrgenommen wird. Dabei entdeckten sie seine klugen, wachen, quicklebendigen Augen. Fast alle sahen ihn in der natürlichen Größe eines Menschenkindes, später eines Mannes. Einer Frau erschien er als schwerbehindertes, nicht wachstumsfähiges Kind.

In einer weiteren Übung versuchten wir uns selbst in Hans mein Igel hineinzuversetzen: Stark erlebt – bis zum Kribbeln am Rücken – wurde das Stachelkleid, das dem weichen Körper als Schutz dient, das »Rückendeckung« gibt. Es wurde von den meisten als positiv, als wirklicher Schutz erlebt. Einigen machte es richtig Spaß, sich völlig einigeln zu können, sich als eingerollte Stachelkugel – unangreifbar – zu erleben, und sie phantasierten die entsprechenden Situationen in der Familie oder im Beruf lustvoll aus. Ein Mann erinnerte sich, als Schüler den Spitznamen »Igel« bekommen zu haben, weil er sich immer wieder in die Rolle des unangreifbaren Widerstandes den Lehrern gegenüber begab. Eine Teilnehmerin entdeckte als Igel, dass es tatsächlich in ihrer eigenen Regie lag, die Stacheln aufzustellen oder anzulegen – eine Fähigkeit, die ihr offenbar sonst nicht immer so frei zur Verfügung stand, da sie wohl von ihren Reaktionen der Abwehr oder des Sich-Wehrens sonst mehr oder weniger überfallen wurde.

Die Übertragbarkeit des Umgangs mit den Stacheln auf psychische Verhaltensweisen wurde bei diesen Versuchen, sich in den Igel hineinzuversetzen, unmittelbar erlebt: Eine Teilnehmerin, die den Schutz des Stachelkleides einerseits sehr genoss und sich sehr darauf angewiesen fühlte, fragte direkt angstvoll: »Wie sollen aber die Leute, die mich als Igel kennen, ahnen, dass ich auch noch etwas anderes brauche als Abstand, dass ich auch Zärtlichkeit brauche?« Die Ambivalenz dieses schützenden Kleides, das man nicht ablegen kann, solange man Igel ist, wurde bewusst.

Unser Märchenerzähler scheint eine gute eigene Anschauung vom Igel gehabt zu haben. Das stellen wir immer wieder fest, wenn wir seine Beschreibung von »Hans mein Igel«, auch wenn dessen Verhalten im übertragenen Sinn zu verstehen ist, mit dem wirklichen Verhalten der Igel vergleichen. Auf die Besonderheit ihres Igel-Jungen reagieren nun die Eltern ausschließlich negativ. Sie sind auffällig stark geprägt vom Blick auf Konvention und soziale Umwelt. Was werden die Leute sagen? Was kann man mit einem solchen Kind überhaupt anfangen, was nicht?

Getauft muss er werden, so meinen sie, einen Namen muss er bekommen. Der religiöse Brauch der Taufe muss im Dorf natürlich eingehalten werden, aber einen Gevatter, einen Paten, der für das Kind einstünde und einträte bei Gott und den Menschen – so war das Patenamt ursprünglich gemeint –, den getrauen sie sich gar nicht erst zu suchen. So unmöglich kommt ihnen – das heißt vor allem dem Vater – das Kind vor. Vielleicht hätte sich ja doch jemand gefunden, der sich des Kindes angenommen hätte, wenn sie ihn nur hätten suchen und fragen wollen. Aber da sich diese Eltern ihres Kindes schämen, tragen sie von Anfang an zu seiner Isolierung bei.

Die Mutter schlägt den Namen vor, auch sie glaubt, wie unter einem Zwang, ihn nicht anders nennen zu »können« als »Hans mein Igel«. Indem er nun so heißt, so getauft, so geprägt wird, droht er fast automatisch für jeden anderen, der ihn ruft, zu Hans, »seinem Igel«, zu werden. Hans kann keinem mehr anders erscheinen denn stachelig, er kommt aus der Igelrolle einfach nicht mehr heraus. Das erlegt ihm solch ein Name auf.

Ähnlich wird in Max Frischs Drama »Andorra« der Junge Andri zum Juden gestempelt – nach einem Juden-Bild, das dem eigenen Vorurteil der Andorraner entspringt und mit wirklichem Judentum nichts zu tun hat. Jener Junge aus Andorra jedenfalls ist kein Jude, doch bekommt er seine Rolle für immer zugewiesen: Andri, unser Jude, ein Name und eine Rolle, die ihn zuletzt das Leben kostet.

Unter dem Fluch der Vorurteile

„Als er getauft war, sagte der Pfarrer: ›Der kann wegen seiner Stacheln in kein ordentlich Bett kommen.‹ Da ward hinter dem Ofen ein wenig Stroh zurechtgemacht und Hans mein Igel daraufgelegt. Er konnte auch an der Mutter nicht trinken, denn er hätte sie mit seinen Stacheln gestochen. So lag er da hinter dem Ofen acht Jahre, und sein Vater war ihn müde und dachte, wenn er nur stürbe; aber er starb nicht, sondern blieb da liegen.«

Eigentümlich, wie hier im Märchen der Pfarrer – als moralische Instanz im Dorf jener Zeit – das vielschichtige Urteil spricht: »Der kann wegen seiner Stacheln in kein ordentliches Bett kommen.« Auf den ersten Blick klingt dieser Ausspruch wie ein sachliches Urteil. Bei näherem Hinsehen aber ist es ein sehr subjektives, dazu ein sehr folgenreiches Urteil: Der Junge wird damit zugleich dazu verdammt, hinter dem Ofen liegen zu bleiben, in kein ordentliches Bett zu kommen, ja vor allem auch nicht in das Bett der Liebe. Dieses Urteil einer Über-Ich-Instanz verfolgt ihn denn auch bis in das wirkliche »Bett der Liebe«: Hier erst erfolgt die endgültige Probe darauf, ob Hans in der Stachelhaut des Tieres für immer bleiben muss oder nicht. Zugleich drückt das Märchen in diesem Ausspruch des Pfarrers aus, wie sehr es darum weiß, dass eine Ablehnung in frühester Kindheit, diese Abstempelung zum Igel, sehr gefährliche Folgen für ein Kind, vor allem für seine Entwicklung im Beziehungsbereich haben kann. Und da lesen wir dann auch gleich eine weitere schwerwiegende Aussage, die erhebliche Konsequenzen für die Entwicklung eines kleinen Kindes zeitigen kann – wie wir heute wissenschaftlich-psychologisch belegen können, wie es aber den Geschlechtern vor uns durch Erfahrung auch schon bekannt war: »Er konnte aber an seiner Mutter nicht trinken, denn er hätte sie mit seinen Stacheln gestochen.«

War er nun ein Kind, das der Mutter beim Stillen wirklich ständig wehtat, oder war sie eine Mutter mit dem Vorurteil, dieses Kind »könne« nicht gestillt werden – so wie sie ja auch glaubte, er »könne« nur Hans mein Igel heißen und man »könne« keinen Gevatter für ihn finden?

In der schon erwähnten Gruppe, die zu dem Märchen eigene Bildvorstellungen aufsteigen ließ, versuchte eine Frau in ihrer Phantasie, »Hans mein Igel« doch zu stillen. Sie war dabei von heftigem Zorn auf die vorschnell aufgebende Mutter des Hans erfüllt sowie auch von Wut auf den Pfarrer, der – wie eine böse Fee – dem »stacheligen« Kind eine schlimme Zukunft prophezeit. Das Stillen des Igel-Hans gelang ihr gut, indem sie ihn zunächst an seinem weichen Bäuchlein kraulte, bis er vor Wohlbehagen die Stacheln glatt anlegte und sich von selbst an die Brust drängte. Er hat sie keineswegs gestochen.

Nicht gestillt worden zu sein, darin liegt für manches Kind die Grunderfahrung, nie ganz satt, nie ganz angenommen, nie ganz geborgen gewesen zu sein. Für manche wird es zur Voraussetzung eines späteren Suchtverhaltens, indem sie ihre nie gestillten Grundbedürfnisse mit Alkohol, Drogen oder Medikamenten zu stillen suchen. Auch spätere Bindungen können nach solchen Entbehrungen in früher Kindheit Suchtcharakter bekommen. Mehr als das Trinken an der Brust – für das es hinreichenden Ersatz gibt – fehlt diesen Kindern der Hautkontakt mit der Mutter, das liebevolle Gehaltensein, das mit dem Stillen verbunden ist. Hautkrankheiten wie Schuppenflechte, Psoriasis oder Neuro-

Dermatitis können hier ihren Ursprung nehmen. Die entbehrte Zärtlichkeit lässt das Kind unerfahren im ganzen Bereich des Körperkontakts, der zärtlichen Berührungen, was seine Beziehungsfähigkeit natürlich stark behindert. Ein zärtlich umfangenes Kind, dem die Mutter oder der Vater die Flasche reicht, entbehrt den Körperkontakt natürlich nicht und kann sich geborgen entwickeln. Bei Hans mein Igel aber sind – nach heutigen psychologischen Einsichten – viele Weichen so gestellt, dass dieses Kind sehr unglücklich werden könnte, dass es vor allem weder kontakt- noch liebesfähig werden könnte.

Auch wirkliche Igel sind übrigens sehr angewiesen auf das Trinken bei der Mutter und auf angemessene Nahrung. Nach Grzimek trinken sie »oft und viel, nicht nur Wasser, sondern besonders auch verdünnte Milch«. Vom normal aufwachsenden Igel-Kind schreibt Grzimek dagegen: »Aufgeregt piepen die Kleinen, wenn sie sich um die Zitzen der Mutter drängen.«

Und so kommt es denn, dass unser »Hans mein Igel«, der diese Geborgenheit und den Hautkontakt mit der Mutter entbehrt, acht Jahre lang hinter dem Ofen liegt, »und sein Vater war ihn müde und dachte, wenn er doch stürbe; aber er starb nicht, sondern blieb da liegen«.

Sein Daliegen zeigt, wie gelähmt, wie depressiv dieses Kind geworden ist: Ist doch der Bewegungsdrang, die Lust, seine Glieder zu gebrauchen, um Kontakt mit der Welt und anderen Menschen aufzunehmen, das Charakteristische in den frühen Lebensjahren bis zum achten hin. Da erzählt mir zum Beispiel ein auf einem einzeln gelegenen Bauernhof aufgewachsenes Mädchen, dass sie – etwa vierjährig – eines Tages ihren Rucksack aufgesetzt habe und ausgezogen sei, um »Menschen zu suchen«. Im erheblich entfernten nächsten Gehöft habe man sie dann aufgenommen und schließlich wieder nach Hause gebracht. Der Zweck der Wanderung war erfüllt, sie hatte Menschen gefunden.

Hans mein Igel dagegen liegt hinter dem Ofen, nicht nur mit vier, sondern noch mit acht Jahren. Dahinter verbirgt sich vor allem ein erschütternd elementares Bedürfnis nach Wärme. Die Wärme des Ofens mag der einzige unzulängliche Ersatz für die entbehrte Wärme der Mutter, der Eltern gewesen sein.

Auch das Hinter-dem-Ofen-Liegen ist dem realen Verhalten eines Igels abgeschaut: »Igel lieben die Wärme. In geheizten Räumen finden sie sehr bald Wärmequellen und legen sich dicht dabei zur Ruhe; im Freien sonnen sie sich manchmal.« Igel werden erst lebhaft, wenn ihre Körperwärme schon eine Weile angestiegen ist. Den Tag verschlafen sie in ihrem Versteck. »Nur ausnahmsweise findet man tagsüber einen außerhalb seines Schlupfwinkels. Im Tagesschlaf liegt der Igel mit erschlafften Muskeln meist halb aufgerollt auf der Seite, so dass Kopf und Beine zu sehen sind; auf warmer Unterlage streckt er sich auch platt auf dem Boden aus. Die Stacheln liegen dabei glatt nach hinten an. Bei Störungen zuckt er zusammen, stellt die Stacheln auf oder kugelt sich ein. Wenn man einen zahmen Igel im Tagesschlaf anfasst, wird er gleich wach, reckt die Glieder, gähnt und kratzt sich mit seinem Hinterfuß. Es ist ihm dabei möglich, mit dem Fuß fast alle Körperstellen zu erreichen.«

Es ist gut möglich, dass unser Erzähler das Verhalten von »Hans mein Igel« dem Tagesschlaf eines Igels abgelauscht hat. Es ist aber auch möglich, dass er von dem charakteristischen Verhalten des Igels während des Winterschlafs ausgegangen ist. Hans macht ja in den ersten acht Jahren seines Lebens auch so eine Art von Winterschlaf durch wegen der emotionalen Unterkühlung in seinem Elternhaus. »Die Winterschlafbereitschaft tritt im Herbst ein, wenn die mittlere Lufttemperatur nur noch plus 8 bis plus 10 Grad beträgt. Wenn die Wärme auf den kritischen Wert sinkt, wühlen sie sich ein und kugeln sich fest zusammen. Alle Lebensvorgänge sind während des Winterschlafs sehr verlangsamt. Ein winterschlafender Igel erzeugt viel weniger Stoffwechselwärme und kühlt in der kalten Umgebung immer mehr ab, bis er fast die Umgebungstemperatur erreicht hat. Doch schaltet sich bei winterschlafenden Igeln die Wärmeregelung wieder ein, sobald das Tier auf sechs bis eineinhalb Grad abkühlt. Diese Minimaltemperatur wirkt als Weckreiz. Bei starker, langanhaltender Kälte kommt es vor, dass sich die Körperwärme durch Stoffwechselsteigerung und Beschleunigung des Atems und Pulses noch mehr erhöht und dass der Igel völlig munter wird. Auf Geräusche reagiert ein winterschlafender Igel nicht mehr, bei grobem Anfassen zieht er sich nur noch fester zusammen.«

In diesem Verhalten des winterschlafenden Igels ist viel von dem acht Jahre lang hinter dem Ofen schlafenden Hans abgebildet. Es ist auch schon vorgezeichnet, dass dieser, als es zu kalt wird, auf einen inneren Weckreiz reagieren kann, der ihn wieder zum Leben erweckt.

Vor allem vom Vater her ist die Ablehnung dieses Kindes zunächst geradezu brutal. Er ist es müde und wünscht, dass es stürbe. Nun sind solche Wünsche, natürlich unbewusst und nicht zugegeben, so selten auch nicht: Wenn man ein Kind so sehr gewünscht hat und es enttäuscht nachher so sehr, wenn man es wie der Vater gerade gewünscht hat, um sich durch das Kind aufgewertet zu sehen und stolz auf es sein zu können, und es dann so anders ist, dass man sich seiner schämen muss, dann kann der Wunsch aufkommen, es für immer los zu sein.

Verkappte Todeswünsche und die entsprechenden Schuldgefühle stecken manchmal dahinter, wenn man sich überängstlich um ein Kind bemüht, wenn man ständig Katastrophen für dieses Kind befürchtet. Es ist gut für das Kind, wenn die Eltern offen zugeben können, dass sie es auch einmal Leid sind. Das gehört dazu, wenn man Kinder hat und wirklich sein Leben mit ihnen teilt. Eltern, die sich gelegentlich negative Gefühle dem Kind gegenüber eingestehen und damit umgehen können, die Ärger und Zorn auf das Kind nicht einfach verleugnen und abdrosseln, geben ihm damit Anteil an ihren wirklichen Gefühlen, ermöglichen ihm, die eigene Wut auf die Eltern ebenfalls ohne übertriebene Angst und Schuldgefühle zu zeigen, und schaffen damit gerade den inneren Raum, in dem auch die positiven Gefühle schwingen können, Wärme und Zuneigung, die Freude aneinander. Das Eingestehen ambivalenter Gefühle gehört gerade zum gesunden Zusammenleben zwischen Eltern und Kindern.

Doch hier bei Hans ist dadurch alles anders, dass mit dem Kind kaum gesprochen wird, dass die Eltern ihre Gefühle nicht reflektieren, dass sie es vielmehr in seiner Eigenart wirklich ablehnen. »Wenn du weiterschreist, während ich einkaufe, brauche ich ja nur den Kinderwagen loszulassen, und du rollst den Abhang hinunter.« Ein Kind, das solche Drohungen hört – sie wurden mir von einer Analysandin in der Therapie erzählt –, spürt den heimlichen Wunsch seiner Mutter, es möge sterben, auch wenn es nachher heißt, das sei doch nicht so gemeint gewesen.

All diese Belastungen liegen, so berichtet das Märchen, auf unserem Hans. Und dennoch stirbt er nicht. Eine elementare Vitalität, ein Lebenswille, diesseits und jenseits von allem, was die Eltern ihm antun, ist diesem Kinde mitgegeben. Individuelles Leben kann auf vielen Wegen blockiert werden, und dennoch entsteht es mit jedem Menschenkind neu, unmittelbar aus sich selbst. Gegenüber aller Resignation angesichts schwer belastender Kindheitsgeschichten, die unser heutiges psychologisches Wissen um die Gefährdung und Zerbrechlichkeit des seelischen Gefüges eines Kindes auch im Gefolge haben kann, belehrt uns dieses Märchen: In jedem lebenden Wesen gebiert das Leben sich neu, schießen Kräfte von weither zusammen, die sich in einem neuen Träger des Lebens verwirklichen wollen. Es wäre ein besonderes Kapitel in der Menschheitsgeschichte wert, einmal von dem unendlich tapferen Lebenswillen und Lebensmut der Kinder zu sprechen, wie sie ungeheure Bedrängnis im eigenen Familienkreis, aber auch in Not- und Kriegszeiten überstehen. Und so geschieht das Wunder auch bei unserem Hans: Er kommt durch, auch wenn sich praktisch keiner um ihn kümmert.

Auch diese ungeheure Zähigkeit, eine bewundernswerte Resistenz gegenüber Schädigungen durch Gift und unzuträgliche Stoffe, die unseren Hans auszeichnet, sind am wirklichen Igel abgelesen: Bei Grzimek lesen wir, dass der Igel vieles noch verkraftet, was kein anderes Tier, geschweige denn ein Mensch, aushalten könnte: »Selbst vor giftigen Tieren, die von anderen Säugern gemieden werden, schreckt der Igel nicht zurück. Die zu den Ölkäfern gehörenden Maiwürmer und spanischen Fliegen verzehrt er in größerer Masse; ihr blasenziehendes Gift, das Kanpharidin, stört ihn dabei wenig. Ein zehntel Gramm Kanpharidin genügt, um 25 Menschen umzubringen, tötet aber nur einen Igel. Auch Bienen, Hummeln und Wespen isst er, ohne sich um deren Stiche zu kümmern. Ein von 52 Bienen gestochener Igel zeigte keinerlei Beschwerden. Überhaupt ist der Igel erstaunlich widerstandsfähig gegen die verschiedensten Gifte. Blausäure verträgt er in einer Menge, die fünf Katzen in wenigen Minuten tötete, und Wundstarrkrampfgift in siebenmal größerer Dosis als der Mensch.«

Es hat also seinen Grund, dass unser Erzähler dem Hans eine Igel-Haut und wohl auch einen Igel-Magen mitgegeben hat, mit dem er verkraften kann, was andere umgeworfen hätte. Wenn es zu kalt wird um einen Igel, so hörten wir, kann es aber geschehen, dass er aus der Lethargie seines Winterschlafs, seiner Depression jäh geweckt wird.

Einen Wunsch frei haben

»Nun trug es sich zu, dass in der Stadt ein Markt war, und der Bauer wollte hingehen, da fragte er seine Frau, was er ihr sollte mitbringen. ›Ein wenig Fleisch und ein paar Wecke, was zum Haushalt gehört‹, sprach sie. Darauf fragte er die Magd, die wollte ein paar Toffeln und Zwickelstrümpfe. Endlich sagte er auch: ›Hans mein Igel, was willst du denn haben?‹ – ›Väterchen‹, sprach er, ›bring mir doch einen Dudelsack mit.‹ Wie nun der Bauer wieder nach Haus kam, gab er der Frau, was er ihr gekauft hatte, Fleisch und Wecke, dann gab er der Magd die Toffeln und die Zwickelstrümpfe, endlich ging er hinter den Ofen und gab dem Hans mein Igel den Dudelsack.«

Und so geschieht auch hier das Unerwartete: Als diesem Jungen, als letztem unter den Gliedern der Familie, noch nach der Magd, vom Vater ein erster und einziger Wunsch freigegeben wird, erwacht sein Lebenswille: Da weiß er etwas zu wünschen, das etwas von seinem innersten verborgenen Wesen, das wir bis jetzt nicht kennen gelernt haben, verrät: einen Dudelsack.

Ein Dudelsack, das ist ein sehr elementares Musikinstrument, für pentatonische Tonfolgen geschaffen, wie Kinder sie lieben; es ist ein Instrument, dem man sowohl schwermütige wie lustige Musik entlocken kann. Es erschließt sich dem einsamen Spiel, eignet sich aber auch zum Aufspielen für die Gemeinschaft bei Tanz und Geselligkeit, zu Wettkampf und – wie früher – zum Aufgebot der Krieger. Vor allem: Es fordert die ganze Lungenkraft. Herausblasen kann der Junge, was ihn blockiert, was ihm die Stimme fast verschlagen hat. Sein Gefühl kann er herauslassen, seine Schwermut, aber auch seine Sehnsucht nach Gemeinschaft und danach, eine Rolle in dieser Gemeinschaft zu spielen. Auch seine Lust, sich gegen die niederdrückenden Umstände zu wehren, die Lust, für seine Befreiung zu kämpfen, kann er mit diesem Instrument ausdrücken. Der Igel, der im allgemeinen bei Erregung und Bedrohung nur schwer zu schnaufen beginnt, kann bei großer Gefahr gellend aufschreien, so berichtet Grzimek. Eigentümlich, wie Hans in den acht Jahren hinter dem Ofen ein Gespür für das entwickelt hat, was ihm fehlt und was ihn retten kann: Eine Art von Musiktherapie verordnet er sich selbst. Es kann nachdenklich machen, an dieser Märchenerzählung zu spüren, wie sehr einem Kind, das eine solche blockierende Entwicklung wie Hans genommen hat, durch Spielen eines Instruments geholfen sein könnte. Hier ist tatsächlich Musiktherapie indiziert.

Hans erhält seinen Dudelsack vom Vater, kommentarlos, als speiste dieser Vater, wie so mancher Vater, den Beziehungsmangel seinem Sohn gegenüber durch ein Mitbringsel ab. Und doch, sehen wir es nicht nur negativ: Dieser einzige Wunsch, der Hans freigegeben wird und der ihm vom Vater auch erfüllt wird, verändert die ganze Situation, öffnet sie zu einer neuen Entwicklung hin. Eigentümlich nimmt sich dieser besondere Wunsch des Hans auch innerhalb seiner Familie aus, in der es nur um das Materielle, das Lebenspraktische geht: Seine Mutter – auch hierdurch wird sie charakterisiert –, die keinen Wunsch für sich selbst kennt, wünscht sich von ihrem Mann nichts anderes als »ein wenig Fleisch und ein paar Wecke, was zum Haushalt gehört«. Nicht ihre Selbstlosigkeit, sondern ihr völliges Aufgehen in der Hausfrauenrolle wird hier unterstrichen. Sie ist nichts für sich, deshalb kann sie dem Sohn auch kein Gegenüber, geschweige denn ein Gegengewicht zu diesem Vater sein, der ihn ablehnt. Die Magd wünscht sich immerhin etwas zum Anziehen für sich selbst, Pantoffeln und Zwickelstrümpfe. Wie eigenwillig, wie persönlich wirkt da der Wunsch unseres Hans mein Igel: ein Musikinstrument, ein Dudelsack, soll es sein. Übrigens bemerkt Grzimek im Blick auf die wirklichen Igel, dass auch sie Gespür für Musik hätten, dass ihr Gehör sehr empfindlich sei: »Auch ganz Zahme zucken bei zirpenden oder schmatzenden Geräuschen heftig zusammen und kugeln sich ein. Schnell lernen sie, bestimmten Pfiffen oder Rufen zu folgen.«

Was es heißt, einen eigenen Wunsch überhaupt äußern zu können, wurde mir noch klarer, als mir eine Frau, Mutter mehrerer Kinder, zu Beginn ihrer Therapie gestand, sie wisse nicht einmal, was ihre Lieblingsfarbe sei; so wenig sei sie es gewohnt, mit eigenen Bedürfnissen und Gefühlen umzugehen. Auch sie war ursprünglich ein abgelehntes Kind gewesen. So kann es gar nicht genug hervorgehoben werden, dass unser abgelehntes Kind gleich beim erstenmal – quer zu den Vorstellungen seiner Familie – einen eigenen Lebensimpuls, einen eigenen Wunsch ausdrückt. In der Therapie begegnete mir ein Mann, der eindrucksvoll davon erzählte, wie er – das nachgeborene und nicht mehr erwünschte Kind einer großen Familie, deren Vater behindert war – die einsamen Stunden seiner Kindheit, im Apfelbaum sitzend, mit autodidaktisch erlerntem Flötenspiel ausfüllte. Als Erwachsener konnte er mehr als ein Dutzend unterschiedliche Flöten spielen.

Und eine Frau berichtete mir, dass sie die Ablehnung der Eltern als Kind nur durch eine selbstvergessene Hingabe ans Klavierspiel zu überbrücken vermochte. Das Klavierspiel, ursprünglich von den Eltern gern gesehen, weil man mit dem begabten Kind renommieren konnte, wurde zum schweren Konfliktstoff zwischen ihr und den Eltern, als das

Mädchen sich entschloss, Musik zum Beruf zu erwählen. Nach schweren Hindernissen und Rückschlägen, durch die sie ein Jahrzehnt ihres Lebens in einem ungeliebten Beruf verbringen musste, wählte die fast Vierzigjährige schließlich doch noch die Ausbildung für den Beruf der Musikerin. Mit diesem Entschluss fand auch die Therapie einen sinnvollen Abschluss, die notwendig geworden war, weil diese Frau unter dem Druck ihrer Eltern ein ihr nicht gemäßes und nach ihrem Empfinden leeres Leben gelebt hatte, bis sie auf ihren ursprünglichen Entschluss zurückkam.

Hans bekommt den Dudelsack tatsächlich, der Vater geht – nachdem er Frau und Magd das Gewünschte übergeben hat – ausdrücklich zu ihm hin, hinter den Ofen, und gibt dem Hans mein Igel den Dudelsack. Deutlich wird er zwar als der Unwichtigste der Familie, nach der Magd, eingestuft, aber er bekommt dennoch diesen ersten Wunsch vom Vater erfüllt.

In unserer Imaginationsgruppe wurde stark miterlebt, wie Hans hinter dem Ofen liegt – die meisten fühlten sich da noch relativ wohl, da es hier immerhin warm war und sie als Igel nichts Besseres kannten.

Zwei unter den Teilnehmerinnen erlebten eindringlich mit, wie Hans von seinem Lager am Ofen aus alles, was vorgeht, mitbekommt, wie genau er beobachtet und wahrnimmt und wie der Wunsch, sich irgendwie ausdrücken zu können, in ihm aufkeimt.

Als die Mutter und die Magd vom Vater aufgefordert werden, einen Wunsch zu äußern, hat Hans im Erlebnis der meisten Teilnehmerinnen quälende Angst, nicht dranzukommen, übersehen zu werden, und er hört wie erlöst die Aufforderung, auch einen Wunsch anzubringen. Dass er den Vater hier »Väterchen« nennt, erlebten die meisten als echt, als spontanen Ausdruck einer großen Sehnsucht nach Zuwendung nach so viel Vernachlässigung.

Viele bittere Erinnerungen an Zurückgesetzt- und Übersehenwerden durch die Eltern stellten sich an dieser Stelle unter den Teilnehmern ein; einige wenige erlebten auch die Erfüllung von Herzenswünschen – etwa nach einer Geige – noch einmal wieder, die für ihre Zukunft große Bedeutung bekam.

Der Auszug aus dem Elternhaus

»Und wie Hans mein Igel den Dudelsack hatte, sprach er: ›Väterchen, geht doch vor die Schmiede und lasst mir meinen Göckelhahn beschlagen, dann will ich fortreiten und will nimmermehr wiederkommen.‹ Da war der Vater froh, dass er ihn loswerden sollte, und ließ ihm den Hahn beschlagen, und als er fertig war, setzte sich Hans mein Igel darauf, ritt fort, nahm auch Schweine und Esel mit, die wollt er draußen im Walde hüten.«

Nun geschieht etwas Erstaunliches: Es braucht nicht mehr als die Erfüllung dieses einen Wunsches, den zu äußern er vom Vater auch noch aufgefordert worden war, und unser Hans wird mutig: Von sich aus äußert er einen zweiten Wunsch: »Väterchen, geht doch vor die Schmiede und lasst mir meinen Göckelhahn beschlagen, dann will ich fortreiten und will nimmermehr wiederkommen.« Ein sehr ambivalenter Wunsch, den Hans da äußert. Was mag in den acht Jahren alles in ihm vorgegangen und zum Entschluss herangereift sein? »Väterchen« – ist es die unterdrückte Zärtlichkeit, die sehnsüchtige Werbung dieses Jungen, die ihn trotz allem so reden lässt, oder ist es bittere Ironie? – soll ihm nur die notwendigste Hilfe leisten, nur die Voraussetzung dafür schaffen, dass er von zu Hause weggehen kann. Dieser kaum mehr als acht Jahre alte Junge wünscht sich vom Vater nicht mehr als das. Er will nicht davonlaufen, heimlich bei Nacht und Nebel. Er sagt es offen, dass er weggehen will und wird.

Auch die wirklichen Igel werden sehr früh selbständig; selbst dieser Zug bei Hans mein Igel mag auf der Beobachtung wirklicher Igel beruhen: »Schon gegen Ende der dritten Woche verlassen sie gelegentlich das Nest, später folgen sie der Mutter und beginnen Nahrung zu suchen. Hat eines den Anschluss verloren, so pfeift es zwitschernd, und die Mutter eilt sofort herbei, beschnüffelt das Kleine kurz und setzt mit ihm und seinen Geschwistern die Futtersuche fort. Wenn die Jungen selbständig sind, vertreibt sie die Mutter aus der gemeinsamen Wohnung.« Wie schön ist hier geschildert, dass die jungen Igel gerade daran selbständig werden, dass sie von der Mutter betreut sind. Dies alles fehlt unserem Hans. Er geht, weil es ihm zu Hause zu kalt geworden ist. Er hegt nicht die Illusion, dass die Erfüllung eines einzigen Wunsches schon eine Einstellungsänderung seines ihn ablehnenden Vaters bedeutete. Er folgt vielmehr dem Weckreiz, der ihn hindert, im Winterschlaf zu sterben. Etwas, ein Minimum allerdings, muss der Vater ihm mitgeben, damit er es wagen kann, von zu Hause aufzubrechen: Der Vater soll ihm seinen Hahn – der Bauernjunge nennt immerhin einen Gockelhahn sein eigen – beschlagen lassen, wie man wohl einem erwachsenen Sohn das Pferd beschlagen lässt, wenn er von zu Hause auszieht. »Beschlagen« wird eigentlich das herangewachsene Pferd, dessen Hufe geschützt sein sollen auf den gepflasterten und betonierten Straßen der Menschen, die weit über Land führen. Ein Reittier, das ihn trägt, das ihn weit fortbringen kann von zu Hause, das braucht dieser Junge. Es ist irgendwie bezeichnend und rührend, dass er nichts anderes sein eigen nennt als einen Hahn – keinen jungen Esel, wie ihn doch so mancher arme Griechen- oder Türkenjunge besitzt, kein Maultier, geschweige denn ein Pferd.

Was heißt es denn nun, dass er ausgerechnet einen Hahn als Reittier für seinen Auszug benutzt und diesen Hahn auch beschlagen lassen will? Der Hahn gibt den ersten

Hahnenschrei, den Weckruf am Morgen ab. Für Aufwachen und Aufstehen steht er auch symbolisch. Im übertragenen Sinne steht der Hahn für die Kraft, die unseren Hans hinter dem Ofen hervorzuholen vermag, die ihn aufweckt, die ihn aufstehen und aufbrechen lässt, ehe er endgültig eingeht an diesem lieblosen Ort. Unser Hans will nicht länger hinter dem Ofen dahinsiechen oder gar sterben. Der Hahn steht für sein Aufwachen zum Leben. Zum Aufwachen gehört das Bedürfnis nach Orientierung. Als Wetterhahn, der die Himmels- und Windrichtungen anzeigt, gewinnt das Tier auch eine orientierende Funktion. Der Hahn ist außerdem ein betont männliches Tier, er hat Stolz, ihm kann der Kamm schwellen: Er kann sehr aggressiv werden, vor allem gegenüber männlichen Konkurrenten; da kann es zu gefährlichen Hahnenkämpfen kommen, bei denen die Federn fliegen, während er gegenüber seiner Hühnerschar eher der großmütig Beschützende ist. Sein Stolz also, seine aggressive Kraft, die bei unserem Hans, der wie gelähmt hinter dem Ofen lag, bisher so sehr fehlte oder die er gegen sich selbst richtete, sie wacht im Zeichen des Hahnes auf, und der Vater selbst soll ihm diese Kraft beglaubigen und akzeptieren, soll sie gebrauchsfähig machen, indem er den Hahn beschlagen lässt. Um die Hähne zu den in südlichen Ländern üblichen Hahnenkämpfen ausrüsten zu können, werden sie tatsächlich beschlagen, indem ihnen kleine Messerchen wie Sporen an den Füßen angebracht werden.

Darüber hinaus gilt der Hahn auch als Symbol für Sexualität. Auch als Zeichen hierfür mag er bei Hans stehen, weil es ja um die Entwicklung von Kräften geht, die er schließlich braucht, um zum Mann heranzureifen. Der Wunsch, seinen Hahn beschlagen zu lassen und seinen ihm bisher zugewiesenen Platz hinter dem Ofen zu verlassen, ist für einen mehr als achtjährigen Jungen durchaus angemessen und verständlich; alles andere als selbstverständlich ist dagegen, dass dieser Aufbruch über das erste spielerische Gewinnen von Selbständigkeit hinaus zum endgültigen Auszug aus dem Elternhaus wird. Der Vater aber setzt dem Wunsch seines kleinen Sohnes nichts entgegen. Er ist vielmehr froh, ihn loszuwerden. So geben manche Eltern den heimlichen oder auch offen geäußerten Weglauf-Tendenzen ihrer Kinder dadurch selber noch Auftrieb – manchmal auch unbewusst –, dass sie deren Aggressivität noch ausdrücklich reizen. So soll ein junges, pferdebegeistertes Mädchen – in Ingeborg Bachmanns Erzählung »Gier« – nicht mehr reiten dürfen, nachdem es in der Schule versagt und sich auch beim Reiten selbst nicht ganz schulgemäß angestellt hat. Darauf verschließt es sich völlig vor seinem Vater, zieht zumindest innerlich aus dem Elternhaus aus.

Hans mein Igel aber schöpft aus dem trotzigen Entschluss, die Eltern zu verlassen, die Kraft, überhaupt zu überleben. Oft überlebt man leichter gegen etwas als für etwas. Sein Stolz und seine Aggressivität werden wach, und das ermöglicht ihm der Vater gerade durch sein unmögliches Verhalten. Die Aggressivität ist ja die stärkste Macht, die wir gegen die Depression überhaupt mobilisieren können. Eine aus heiligem Zorn gespeiste Entschlusskraft ist das wirksamste Therapeutikum gegen die lähmende und selbstzerstörende Niedergeschlagenheit. Selbst wenn ein Analysand in vermeintlich heiligem Zorn einmal eine Therapie abbräche oder mit Abbruch drohte, könnte der Gewinn an Vitalität, der den bisher Depressiven aufrüttelt, jeden Schaden aufwiegen.

Hans mein Igel bekommt seinen Hahn beschlagen, setzt sich darauf wie ein Ritter auf sein Reittier – vor allem Kinder haben eine unerschöpfliche Phantasie, sich diesen Hahn auszumalen, auf dem ein Igel reitet! – und zieht aus. Die Igel-Art des Hans, seine passive Widerborstigkeit, hinter der sich eine große Verletzlichkeit verbirgt, wird von nun an ergänzt durch den Mut zur offenen Aggressivität, zum Stolz, zur Selbstachtung. Auch gewinnt er eine ganz neue Bewegungsfreiheit. Kriecht der Igel am Boden und kann nur mit Mühe klettern, läuft er eher langsam, mit etwas eingeknickten Beinen, wobei der Bauch fast den Boden berührt, so verleiht ihm der Hahn die Fähigkeit, sich über den Boden zu erheben, das heißt aber auch, sich über den Boden seines Problems, seiner Depression und seiner bisherigen Rolle zu erheben. Gibt der Igel nur Piepslaute von sich – erst in Todesnot schreit er gellend auf –, so kann der Hahn krähen, warnen, wachrufen und so zur Orientierung verhelfen. Kann der Igel sich nur schützen, sich einigeln, so kann der Hahn angreifen.

Mit dem Hahn zusammen kann er an- und zugreifen. Dadurch erklärt sich noch ein verwunderlicher Zug, den das Märchen nun berichtet: Wenn wir bedenken, wie sehr Hans bis jetzt von der Erfahrung geprägt war, nichts abzubekommen – keine Muttermilch zum Beispiel –, und wie er sich auch nichts zu nehmen wusste, dann erstaunt es doch zu hören, wie er nun zugreift: Er nimmt sich, offenbar ohne zu fragen, aus dem väterlichen Tierbestand Schweine und Esel mit, um sie im Walde zu hüten. Hat er sie gestohlen? Er hat sie offenbar mit der größten Selbstverständlichkeit »mitgehen lassen« als einer, der bisher in allem, emotional und materiell, zu kurz gekommen ist. In diesem Zu-kurz-Kommen an allem, was eigentlich zum Leben gehört, psychisch und physisch, liegt ja bekanntlich die Ursache für so manches halb unbewusste Stehlen von Kindern und Jugendlichen, vor allem für das Bestehlen der eigenen Eltern.

Bei der Mutter Natur

»Im Wald aber musste der Hahn mit ihm auf einen hohen Baum fliegen, da saß er und hütete die Esel und Schweine und saß lange Jahre, bis die Herde ganz groß war, und wusste sein Vater nichts von ihm.«

Vergleichen wir die normale Entwicklung Neunjähriger mit der unseres Hans: »Mir gehört die Welt, weil ich Teil bin von Vater und Mutter« – so könnte ein gut und ungestört entwickelter Neunjähriger sagen. Der Neunjährige ist normalerweise recht lebensklug und selbständig. Wenn Schule und Elternhaus nicht ihrerseits Probleme an einen Neunjährigen herantragen und ihn somit künstlich in Probleme verwickeln, entsteht ihm aus dem Umgang mit sich selbst und der Umwelt in diesem Alter wenig Problematisches. Er ist so autonom, dass die eigene Persönlichkeit bereits ausgedrückt werden kann, und dabei ist er doch noch so stark auf Vater und Mutter bezogen, dass er sich von ihrer Zuverlässigkeit getragen weiß und sich ihrer Liebe nicht entzieht. Er schämt sich nicht, sich noch gute Nacht sagen zu lassen, einen Gute-Nacht-Kuss anzunehmen und zu geben. Unser Hans hat sich Anteile dieser gesunden Entwicklung erhalten, allen Hindernissen zum Trotz.

Auch er könnte wie alle Neunjährigen sagen: »Mir gehört die Welt« – aber er setzt sein Vertrauen, enttäuscht von Vater und Mutter, mehr auf das umfassend Väterlich-Mütterliche in der Natur, in der »großen, weiten Welt«, auf das größere Leben selbst. Er ist mehr ein Kind des unmittelbaren Lebens als das seiner persönlichen Eltern. Er beginnt, ohne es so benennen zu können, sich auf das archetypische Vater- und Mutterbild zu beziehen, indem er sich dem Wald und dort einem hohen Baum anvertraut, wo die Krone ihm Schutz und Dach bietet, wo die Höhe des Baumes ihm Überblick ermöglicht, wo er sich in den Zweigen wiegen und schaukeln lassen kann wie ein kleines Kind; zugleich lässt er sich von der Hahnenkraft tragen und von den Schweinen ernähren.

Auch dass ein Igel im Wald leben kann, ist der Natur abgelauscht. Der große Rattenigel zum Beispiel lebt in Wäldern: »Tagsüber verbirgt er sich in Löchern und Höhlen, unter Baumwurzeln und Steinen. Nachts streift er umher und jagt.« Der kleine Rattenigel bewohnt feuchte Wälder mit dichtem Unterholz, wo er nicht nur nachts, sondern auch tagsüber auf Nahrungssuche geht: »Am Boden bewegt er sich in kurzen Sprüngen, hält bestimmte Wege ein und klettert auch in Geäst und Sträuchern umher.« Man findet Kleinohrigel in Wald und Heide, Steppen- und Kulturlandschaften, in Tälern und an den Hängen der Mittel- und Hochgebirge, bis in die Krummholzzone von zweitausend bis dreitausend Meter Höhe: »Häufig bewohnen sie pflanzenbewachsene Zäune und dichte Hecken, Felsspalten und hohe Baumstämme. Das Jagdgebiet des Igels kann sich zweihundert bis dreihundert Meter nach allen Seiten von seinem Bau weg erstrecken. Auf seinen Streifzügen hält er oft besondere Wege oder Wechsel ein. Er ist sehr ortstreu, sein Tagesversteck behält er oft jahrelang bei.« Es ist eine Legende, dass Igel auf Bäume klettern können, wird aber schon seit der Antike, seit Plinius, immer weitererzählt; doch bringt es der Igel »nach wiederholten Versuchen fertig, Kistenwände und Mauern zu erklimmen. Er lässt sich dann auf der anderen Seite einfach herabfallen und kugelt sich ein. Die nach allen Seiten starrenden biegsamen Stacheln mildern den Aufprall.«

Stellen wir uns nun auch das Wald-Leben von Hans mein Igel vor: Lange Jahre sitzt er auf dem hohen Baum, vom Hahn immer wieder hinaufbefördert; vielleicht sitzt er nicht einmal zu weit entfernt vom heimatlichen Dorf, doch so weit, dass sein Vater nichts von ihm weiß. »Und wusste sein Vater nichts von ihm«, betont das Märchen. Auch in dieser Beschreibung wird spürbar, dass dieser Junge, gerade in aller Abgrenzung von seinem Vater, immer auf ihn bezogen bleibt. Von der Mutter ist nicht die Rede. Der Vater kümmert sich nicht um ihn; er aber, das zeigt die Erwähnung des Vaters durch den Erzähler hier, vergisst den Vater nicht. Was bedeutet diese Situation aber psychisch, wie fühlt sich das von Hans her an? Da sitzt er auf dem hohen Baum – der Hahn kann ihn immer wieder hinauf- und hinunterbefördern – im Hutewald und hütet dort die Esel und Schweine.

Oftmals besteigen die kindlich jugendlichen Helden und Heldinnen der Märchen einen hohen Baum, wenn die Not groß ist und wenn sie dringend Orientierung brauchen, um zu überleben. So tut es zum Beispiel das Annelein, die Heldin des Märchens »Das Erdkühlein«. Hans gewinnt hier Überblick über das ganze weite Waldgebiet – so gründlich, dass er später den verirrten Königen den Weg weisen kann. Wenn der Wald zugleich ein Bild für das kollektive Unbewusste ist, das diesen heimatlosen Jungen wie eine neue Heimat aufnimmt, in dem die archetypische Mütterlichkeit und Väterlichkeit der Natur sich konstellieren, das umfassendere, umgreifendere Leben, dann ist der hohe Baum der herausragende Ort, von dem aus dieser Junge – wie zwischen Himmel und Erde schwebend – allmählich ein Bewusstsein seiner selbst und seiner Lage, eine Orientierung gewinnt. So bietet der Baum ihm auch überpersönlich Väterliches.

Auch der einzuweihende Schamane, der künftige spirituelle Führer und Priester seines Stammes, verbringt lange Zeit auf hohen Bäumen, die als Orte der Vermittlung zwischen himmlischen und irdischen Kräften gelten. Dort gewinnt er schließlich die entscheidende Inspiration und die Berufung zum eigenen Weg. Auch unser Junge ist zum Regenten des Landes berufen, vor allem dazu, souverän zu werden in seinem eigenen Wesensbereich, seinem inneren Königreich. Er hält in dieser Situation aus, bis die Zeit reif ist für eine Veränderung und eine grundlegende Wandlung. Er ist nicht einfach passiv in diesen langen Jahren, sondern geht zwei besonderen Tätigkeiten nach, die ihm beide abverlangen, Aktivität mit ruhiger Gelassenheit, Handeln und Geschehenlassen zu verbinden: Einerseits hütet er eine Herde; andererseits macht er Musik. Dadurch wachsen ihm offenbar die Kräfte zu – oder sie wachsen ihm nach, da sie von seinen Eltern ja nicht gefördert worden sind –, die er braucht, um als der Igel, als der Widerborstige, der Eingeigelte, der er ist, eines Tages doch beziehungs- und liebesfähig zu werden und Verantwortung übernehmen zu können. Hier gewinnt er die grundlegenden Kräfte, die er braucht, um trotz aller unglückseligen Voraussetzungen sein Glück machen zu können.

Er geht der Tätigkeit des Hütens nach, einer der Berufe, die heute selten geworden sind. Zwar gibt es ihn auch noch, den Schäfer, der bei seinen Herden in Wind und Regen aushält; den Hütejungen, der Geißen und Kühe auf den Almen zusammenhält, wo er sie auch in gefährlichen Situationen vor dem Sich-Versteigen und Abstürzen bewahrt – Tätigkeiten, die heute als meditative gelten und schon fast wieder idealisiert werden; den Schweine- und Eselshirten aber, von dem das Märchen erzählt, kennen wir kaum mehr aus eigener Anschauung. Das Schweinehüten, wie es vor hundert Jahren noch üblich war, fand wirklich in den Wäldern statt, in den lichten Eichenwäldern, die voll von Eicheln waren, einem Lieblingsfutter der Schweine. Im Reinhardswald bei Kassel, wo die Brüder Grimm auch Märchentraditionen fanden, sind einige dieser alten Hutewälder, wie man sie nannte, erhalten. Es mag schon eine Kunst gewesen sein, in diesem weitläufigen Gelände eine große Herde zusammenzuhalten. Aufmerksamkeit gehörte dazu, die Wachheit des Hahnes, große Geduld, Einfühlung in die Lebensgewohnheiten der Tiere; vor allem aber auch die Fähigkeit, mit sich alleine aushalten zu können. Es geht ja bei der Hütetätigkeit auch im Märchen nie nur um das äußere Hüten einer Tierherde, es geht zugleich um das Hüten innerer Kräfte, die sich noch in animalischer, in Tiergestalt, also noch nicht in voll vermenschlichter Gestalt in uns finden.

Da hat Joringel Schafe zu hüten, als er durch die Verwunschenheit seiner Braut Jorinde lange Zeit von ihr getrennt ist. Durch die Hütetätigkeit hält er nicht nur die Schafe zusammen, sondern er sammelt auch sich selbst, kommt zu sich, lernt mit den Schafen, vielleicht auch mit dem allzu naiven »Schafskopf« in sich selbst, richtig umzugehen, und gewinnt so die seelische Kraft und die unbeirrbare Beziehungsfähigkeit, mit der er Jorinde schließlich zu erlösen vermag. Die anfangs so unbewusste »Jungfer Königin« in dem Märchen »Die Gänsemagd«, die Gänse zu hüten hat, nachdem sie von ihrer eifersüchtigen Magd übervorteilt und um den Bräutigam betrogen ist, lernt in dieser Zeit zugleich, die Gans in sich selbst zu beherrschen, so dass sie schließlich in ihre Rolle als Königin hineinwachsen kann.

Auch die Art der Tiere, die gehütet werden müssen, ist jeweils charakteristisch für das Problem, das der Hirte zu meistern hat. Bei Hans mein Igel sind es Esel und Schweine, die er hüten will. Er wählt sich diese Aufgabe übrigens im Unterschied zu den übrigen Märchenhelden, die zum Hüten verurteilt werden, selbst. Esel sind störrische, aber überaus trag- und widerstandsfähige Tiere, sehr ausdauernd, die auch unter kargen Bedingungen überleben. Sie sind als Trag- und Lasttiere, zugleich als Milchspender der ländlichen Bevölkerung des Mittelmeerraumes noch heute unentbehrlich. Doch gelten sie zugleich als »brünstige«, geile und auch recht fruchtbare Tiere. Sie sind deshalb einerseits dem lebenssprühenden Dionysos, andererseits dem schicksalsschweren Saturn zugeordnet: sowohl der Schwermut also, der Belastung, die Saturn aufbürdet, als auch der unbändigen Vitalität, die Dionysos schenkt. Von beiden hat ja auch unser Hans ein gut Teil mitbekommen. Hüten lernen will er beide: die schwere, zähe, störrische Durchhaltekraft und die unverwüstliche, aber auch wilde und drängende Vitalität, beide noch im Rohzustand, da nicht behütet und nicht begleitet von den Eltern, wie es zu erwarten gewesen wäre.

Seine störrischen, widerborstigen Seiten und Kräfte, den »Esel« in ihm, will und muss Hans in dieser Zeit beherrschen lernen durch Verständnis und Einfühlung in sich selbst, in seine unwillkürliche Reaktion, in die Gründe für sie. Dann können sie sich als echte Überlebenskräfte entfalten, als Tragfähigkeit und Ausdauer. Dann kann sich neben diesen vom Schicksalsgott Saturn auferlegten Seiten auch das dionysische Element entfalten. Wenn Hans es lernt, mit seinen zugleich aufbrechenden sexuellen Impulsen, die zunächst sehr ungebändigt erscheinen mögen, umzugehen, dann kann gerade er, aus seinem harten Schicksal heraus, eine intensive Freude am Leben und am Überleben gewinnen. So heißt es denn auch bald im Märchen: »Er war immer lustig.«

Nicht nur die Esel, auch die Schweine zu hüten hat Hans beschlossen, die nun seine eigenen, die aber letztlich auch die seines Vaters sind. Das gilt es vielleicht zu beachten: Bei Esel und Schweinen muss Hans das zu hüten lernen, was die Eltern ihm als – belastende, aber auch chancenreiche – Mitgift mitgegeben haben.

Schweine sind nun einmal sehr fruchtbare, für den Menschen überaus nahrhafte Masttiere. Sie fressen unentwegt, sind gute Futterverwerter, setzen an. Damit verkörpern sie den Aspekt des Nährenden, Nahrhaften, auch des Mütterlichen auf einer primitiven Stufe. Wir sprechen vom »Glücksschwein«, wir sagen: Da hast du Schwein gehabt. Das Schwein war den großen Muttergöttinnen wie Demeter als Opfertier heilig. In patriarchalen Religionen wie dem Judentum und dem Islam wird es – in Abwehr matriarchaler Kulte – für unrein erklärt. Viel unmittelbarer noch wird das Schwein auch in unserem Alltag immer wieder mit Schmutz in Verbindung gebracht, in physischer wie in psychischer Hinsicht. Ist ein Kind, das sich vollgekleckst hat, ein kleines Schweinchen, so gilt jemand, der moralisch »Dreck am Stecken« hat, als »großes Schwein«. »Swinegel« oder »Schweinigel« ist denn auch ein deftiges Schimpfwort. Das »Schwein« in ihm, der Schwein-Igel, das moralisch Unentwickelte dieses vernachlässigten Jungen, es mag mit gemeint sein in diesem Tier, das Hans auch im übertragenen Sinn in sich zu hüten hat; es zeigt sich später in seiner Art, die ihn ablehnende Prinzessin primitiv und sadistisch zu schikanieren.

Das Schweinehüten bedeutet aber zunächst und positiv: umgehen mit den primitiven nährenden Kräften und Impulsen in ihm, seiner noch unkontrollierten, unbändigen Sehnsucht nach Sattwerden und Angenommensein, vielleicht auch nach materiellem Besitz. Es ist die Sehnsucht in ihm, doch auch einmal im Leben »Schwein zu haben«.

Es wäre kein Wunder – wir bedachten es schon –, wenn dieser Junge bei seinen Voraussetzungen die Verhaltensstruktur eines Süchtigen entwickelt hätte, wenn er seine Ersatzbefriedigung für alle Entbehrungen in Fresssucht, Alkohol- oder Drogenabhängigkeit gefunden hätte. Auch seine Beziehungen zu Frauen und Mädchen hätten zunächst den Charakter der Unersättlichkeit, der Gier gewinnen können; vielleicht auch hätte er bei Frauen nichts als die Mutter gesucht, die ihn endlich stillen würde.

In der Therapie klagte der schon erwähnte junge Mann, der als abgelehnter Spätling in der Familie zunächst keinen anderen Trost gefunden hatte als die Flöte, er habe von der Pubertät an die Mädchen gewechselt wie die Hemden, keine habe ihn wirklich befriedigen, seinen seelischen Hunger wirklich stillen können. Ein weiterer junger Mann – schwarzes Schaf einer angesehenen Familie unter lauter hochbegabten Geschwistern – war aus dem Gefühl des Abgelehntseins heraus zum Roulettspieler geworden. Zahlreiche abgelehnte Kinder – oft äußerlich verwöhnt, in ihrer Eigenart von den Eltern jedoch nie angenommen – leiden bekanntlich in der Pubertät unter dem Symptom der Fress- oder Magersucht; von dem hohen Prozentsatz der Alkohol- und Drogenabhängigen zu schweigen, die alle unter dem gleichen, grundlegenden Mangelsyndrom leiden, der fehlenden Annahme und Bestätigung durch die Eltern. Alle diese Krankheitsbilder enthalten letztlich einen Anteil an latenter Suizidalität, stellen zumindest einen Selbstmord auf Raten dar.

Auch hinter der manifesten, offenen Suizidalität von Kindern, wie von Jugendlichen und Erwachsenen auch, steht das gleiche Mangelsyndrom: Sehnsucht nach fragloser Geborgenheit, nach einem Aufgehobensein bei der Mutter, die sich – wenn nicht ein mütterlicher Mensch in die Bresche springt – in Todessehnsucht, ja Todes-Sucht verkehren kann, in den Wunsch nach Selbstauflösung im Schoß der Todesmutter.

Unser Hans aber bringt sich nicht um, sondern bleibt guten Mutes und geht das Problem an. Es ist mehr als ein guter Einfall, es ist eine Überlebensstrategie, wenn er beschließt, Esel und Schweine zu hüten – Tiere seines Vaters, was beweist, dass schon sein Vater unter ähnlichen Problemen litt, wie sie diese Tiere symbolisieren. Mit dem Schwein ist ja, wie erwähnt, das sprichwörtliche »Schwein haben«, Glück haben, assoziiert. Der Vater hat Glück in bezug auf materiellen Wohlstand; aber er hatte kein »Schwein« im Blick auf seine Beziehungen, weder zur Frau – so dürfen wir annehmen – noch zum Sohn. Vielleicht hat der Vater seinen Mangel an emotionaler Befriedigung durch suchtartiges Arbeiten an der Vermehrung seiner Güter wettzumachen versucht. Gewiss gehört auch sein suchtartiges Verlangen nach einem Sohn in diesen Zusammenhang. Vielleicht war er einer von jenen, die – aus heimlicher Verzweiflung am Sinn ihres Lebens, aus Verdrängung des Todeshorizonts – in eine Geschäftigkeit ausweichen, die Erich Fromm eine »Geschäftigkeit gegen den Tod« genannt hat.

Die Schweineherde des Hans mein Igel steht zugleich für seinen Umgang mit dem Bedürfnis nach Nährendem, Mütterlichem und mit den realen Potenzialen, die ihm ermöglichen, sich in diesem Bereich Befriedigung zu beschaffen. Hans wird sich in den langen Jahren im Wald auf dem Baum bei den Schweinen und Eseln auch selbst ein wenig zu Vater und Mutter, er lernt für sich zu sorgen. Dies alles spielte aber doch auf einer sehr elementaren, primitiven Ebene, der des blanken Überlebens, käme da nicht noch das Besondere hinzu, was das eigentliche Leben unseres Igel-Hans in diesen Jahren ausmacht: die Musik, das Musizieren auf dem Dudelsack.

Therapie durch den Dudelsack

»Wenn er aber auf dem Baum saß, blies er seinen Dudelsack und machte Musik, die war sehr schön.«

Welch ein Bild, wir müssen es wirklich einmal ausphantasieren: Da sitzt dieser scheinbar verwahrloste, sich selbst indessen aufmerksam hütende Junge Jahr und Tag auf dem Baum, eine ansehnliche Herde von Eseln und Schweinen um sich, und macht Musik. »Die war sehr schön«, fügt der Märchenerzähler extra noch hinzu, damit wir nicht etwa meinen, dieser autodidaktisch trainierende Dudelsackpfeifer mache dilettantische Musik, bringe nichts zustande als ein chaotisches Gedudel. Nein, dieser Junge versteht sein Handwerk. In jahrelanger Geduld, im Hineinhorchen in das Instrument, im Hineinhorchen in sich selbst und auf seine Melodien hat er es gelernt, sich auszudrücken im Medium der Musik, seine Gefühle hinauszublasen und »aus dem Sack zu lassen«. Solch ein Dudelsack ist ja schon selbst wie ein kleiner Bauch, fühlt sich an wie ein kleines Kind – das Kindliche in diesem jungen Menschen symbolisierend –, das Schmerz und auch Lust ungehemmt hinauslässt. Dieses Hinauslassen der Emotionen hat diesem Jungen vermutlich das Leben gerettet, dadurch hat er genug Luft bekommen, um zu überleben. Und mehr noch: Er hat es nicht nur chaotisch hinausgebrüllt – wie vielleicht in einer Urschrei-Therapie möglich und nicht zu verachten –, nein, er hat mehr getan: Er hat seine Emotionen kreativ gestaltet, zu Musik werden lassen. Kreativ werden zu können in Krisen, das erweist sich einmal mehr als ein Weg zu überleben. Dudelsack spielen bedarf übrigens zweier Fertigkeiten, die gleichzeitig zu betätigen sind: mit den Händen den Balg zu pumpen und mit dem Mund und den Lungen die Pfeifen zu blasen. Es fordert die Geschicklichkeit der Hände und kräftigt die Lungen. Hans bekommt Kraft, Luft und langen Atem. Ein gleichmäßiger, eintöniger Begleitton liegt zwar immer zugrunde, über ihm ist jedoch pentatonische Musik zu gestalten, wie sie Kindern und den Menschen urtümlicher Kulturen liegt. Es wird eine Melodie, ein Rhythmus, ein Maß gewonnen, das das chaotische Gefühlsleben zu bändigen und zu klären vermag.

An dieser Stelle können wir einmal die Töne, die ein wirklicher Igel von sich gibt, mit denen unseres Dudelsack spielenden Hans vergleichen. Grzimek schreibt zu diesem Thema: »Bei der Erregung steigert der Igel sein übliches lautes Schnüffeln und Schnaufen zu einem weit hörbaren Fauchen und ›Puffen‹, Geräusche, die an das Aufpumpen des Balges, der zum Dudelsack gehört, erinnern mögen. In Wut oder Angst keckert er laut, und in sehr starker Bedrängnis schreit er gellend.«

Die Auszugsgeschichte des Hans und die Zeit auf dem Baum mit dem Dudelsack und den Tieren beschäftigte auch unsere Imaginationsgruppe stark. Der Auszug aus dem lieblosen Elternhaus wurde als sehr befreiend erlebt, am stärksten von einer Teilnehmerin, die selbst sehr früh, noch als Kind, ein unerträgliches Elternhaus verlassen hatte. Sie sah sich ausziehen mit einer großen und immer größer werdenden Herde von Tieren, denen sie stolz voranschritt wie eine Heerführerin, eine Jeanne d'Arc; aber sie musste viel weiter ziehen als zu dem Baum in dem von dem Dorf her noch erreichbaren Wald. Sie wollte so weit wie möglich weg von dem Elternhaus, und so zog sie die Donau hinunter bis ans Schwarze Meer, überall bestaunt von den Menschen, die an der Straße standen, wenn sie mit ihrer riesigen Herde vorbeizog. In ihrer Lebensgeschichte hat es, im Unterschied zu der unseres Hans, keine Wiederaufnahme des Kontakts mit den Eltern gegeben.

Der Baum als Wohn- und Schlafstätte wurde liebevoll imaginiert. Er stand im Bayerischen Wald und im Schwarzwald. Er war Aussichtsposten, von dem aus man viel überblicken konnte, verband sich bei einer Teilnehmerin mit der Erinnerung an die Dachluke einer Klosterschule, zu der sie als Schülerin immer hinaufstieg, wenn sie Sehnsucht nach Freiheit bekam.

Der Dudelsack war in einer Imagination aus weichem Leder, war zum Musizieren, aber auch zum Wärmen und Schlafen da. Ein Teilnehmer der Gruppe spielte unendlich wehmütige und schwermütige Melodien auf ihm – an irische und osteuropäische Musik erinnernd –, fühlte sich aber zugleich sehr wohl und befreit dabei.

Wenn Könige sich verirren

»Einmal kam ein König vorbeigefahren, der hatte sich verirrt, und hörte die Musik; da wunderte er sich darüber und schickte seinen Bedienten hin, er sollte sich einmal umgucken, wo die Musik herkäme. Er guckte sich um, sah aber nichts als ein kleines Tier auf dem Baum oben sitzen, das war wie ein Göckelhahn, auf dem ein Igel saß, und der machte die Musik. Da sprach der König zum Bedienten, er sollte fragen, warum er dasäße und ob er nicht wüsste, wo der Weg in sein Königreich ginge. Da stieg Hans mein Igel vom Baum und sprach, er wollte den Weg zeigen, wenn der König ihm wollte verschreiben und versprechen, was ihm zuerst begegnete am königlichen Hofe, sobald er nach Hause käme. Da dachte der König: Das kann ich leicht tun, Hans mein Igel versteht's doch nicht, und ich kann schreiben, was ich will. Da nahm der König Feder und Tinte und schrieb etwas auf und als es geschehen war, zeigte ihm Hans mein Igel den Weg, und er kam glücklich nach Haus. Seine Tochter aber, wie sie ihn von weitem sah, war so voll Freuden, dass sie ihm entgegenlief und ihn küsste. Da gedachte er an Hans mein Igel und erzählte ihr, wie es ihm gegangen wäre und dass er einem wunderlichen Tier hätte verschreiben sollen, was ihm daheim zuerst begegnen würde, und das Tier hätte auf einem Hahn wie auf einem Pferde gesessen und schöne Musik gemacht; er hätte aber geschrieben, es sollt's nicht haben, denn Hans mein Igel könnt es doch nicht lesen. Darüber war die Prinzessin froh und sagte, das wäre gut, denn sie wäre doch nimmermehr hingegangen.«

Als Hans nach diesem langen Üben seines Ausdrucksvermögens, seines Gefühls, in die Entwicklungsjahre kommt, öffnet sich auf einmal wie von selbst seine selbst gewählte Isolierung: Ein König kommt an seinem Baumhaus vorbeigefahren. Der König hatte sich im Walde verirrt und die Musik als hochwillkommenes Zeichen dafür vernommen, dass es hier in dieser Wildnis einen Menschen gäbe, den er eventuell um Rat fragen könnte. Fühlen wir uns hinein, welche faszinierende Situation für Hans, gerade auf dem Hintergrund seiner Familiengeschichte, sich hier ergibt: Eine männliche Autorität, eine potenzielle Vaterfigur, aber neuer und anderer Art als bisher von Hans erlebt, kommt hier vorbei, bei diesem vatergeschädigten Jungen. Er kann diesem verirrten König aus seiner Erfahrung heraus etwas geben, was der König, um sich aus der Desorientierung zu retten, in diesem Moment dringend braucht: Hans kann ihm den Weg weisen.

Wir müssen uns aber zuerst darüber verständigen, was das überhaupt heißt, wenn Könige sich verirren, wie es im Märchen öfters berichtet wird. Es ist kein so seltenes Märchenmotiv. Könige verirren sich meistens im Wald. Der Wald bezeichnet unter anderem den Bereich des Unbewussten. Es scheint eine Gefahr gerade für die Könige, die obersten Repräsentanten des Bewusstseins und der herrschenden Werte, zu sein, sich im Unbewussten zu verirren. Sie wissen sich offenbar dort nicht zu bewegen. Unbewusst zu sein, das läuft ihrer Rolle und Funktion zuwider. Statt sich desto besser über den Bereich des Unbewussten zu orientieren, meiden sie ihn, sparen ihn aus. So bleiben sie in diesem Bereich oft bemerkenswert unerfahren. Wenn sie sich im Wald, im Unbewussten verirren können, zeigt das auch rückverweisend an, dass sie bisher ein einseitig rationales Prinzip vertreten und verkörpert haben. So tat es übrigens auch der Vater des Hans, wenn er von bestimmten Einstellungen, Vorstellungen und Normen her den Jungen beurteilte und davon sein Verhalten zu ihm bestimmen ließ. In der Festlegung auf solche Normen, im Versuch, ihnen konsequent zu folgen, passiert es, dass dieser König sich verirrt. Wir müssen uns vergegenwärtigen, was es für Hans bedeutet, den König, der seinen Weg verloren hat, in die rechte Richtung weisen zu können, hier also besser orientiert zu sein als die höchste Autorität des Landes. Dieses Leben im Wald, verbunden mit Musik und dem Kontakt zu den Tieren, ist etwas, was der herrschenden Norm als Lebensmöglichkeit, als Ort, der auch zum Leben gehört, entgangen ist. Hans aber, der Not gehorchend, hat diesen scheinbar verachteten Ort wieder aufgefunden.

So haben sich in den siebziger Jahren die ersten Landkommunen, die ein bedürfnisloses, naturnahes, ein meditativ-kreatives Leben forderten, vielfach aus Außenseitern und Kritikern der herrschenden Gesellschaft zusammengesetzt und -gefunden, damals bespöttelt, als Schwärmer abgetan. Heute, einige Jahrzehnte später, werden viele der damals belächelten Werte von führenden Parteien als notwendig für ein Überleben der Menschheit in der ökologischen Krise wieder entdeckt. Auch einzelne und kleine Gruppen, die mehr den Weg zu innerer Erfahrung, zum Unbewussten suchen durch Meditation, das Ernst-Nehmen von Träumen, Phantasien und Imaginationen, wurden vor einigen Jahren noch als Spinner belächelt, bis sich ähnliche Wege und Formen der Erfahrung für viele Menschen, bis in die Großversammlungen der Kirchentage hinein, als überzeugend erwiesen. So mögen wir ermessen, was ein Junge wie Hans erlebt, wenn an seinem entlegenen Ort die Autorität des Landes erscheint, die, im Augenblick völlig desorientiert, sich nicht zu helfen weiß: Er aber kann helfen, und zwar aus seiner ganz authentischen Erfahrung heraus, die er an dem Erlittenen erworben hat. Hans kann hier ohne Ironie und Selbstüberhebung sagen: »Herr König, ich kann Ihnen helfen.« Er erfährt natürlich eine enorme Steigerung seines Selbstwertes. Jetzt wird er zum ersten Mal gebraucht.

Menschen, denen es an Selbstwert mangelt, sagen oft: »Mich braucht ja keiner. Ich bin ja zu nichts zu gebrauchen.« Daraus leiten sie das Gefühl ihres Unwertes immer neu ab. Gefährlich wird dieser Slogan – da kaum zu widerlegen – heute bei den jugendlichen Arbeitslosen, die elementar erleben, dass diese Gesellschaft sie wirklich nicht braucht. Es ist also eine ungeheure Chance für unseren Hans, dass er gebraucht wird. Subjektstufig gedeutet – der König als innere Figur des Hans, beispielsweise als Traumfigur erscheinend –, könnte diese Situation eine innere Umorientierung anzeigen: Das vom Vater geprägte Über-Ich des Hans verliert die bisherige Orientierung und lässt sich von den neuen Werten, die das Ich des Hans inzwischen entwickelt hat, aufhelfen. Das Über-Ich verlöre dabei an Übermacht und suchte sich nun ein Stück weit am Ich zu orientieren. Mit einfachen Worten ausgedrückt hieße das: Hans ist sich selbst ein Vater geworden.

Hans ist sofort bereit, dem König zu helfen, doch stellt er – als ein von Vater-Figuren »gebranntes Kind« – seine Bedingungen. Umsonst gibt er nicht, dazu kennt er den Wert der Dinge und der Zuwendung eines anderen zu gut. Seine Lebensgeschichte hat ihn misstrauisch gemacht. Er erbittet sich vom König als Gegenleistung das, was dem König zu Hause als erstes entgegenkommen wird. Der König verspricht es, unterschreibt es scheinbar, um sich aus der prekären Situation zu retten. Doch die Misstrauensgeschichte, aus der unser Hans herkommt, gibt ihn nicht so schnell wieder frei. Der König ist von vornherein entschlossen, sein Versprechen nur formal zu geben, es nicht zu halten. Er traut Hans mein Igel, diesem Analphabeten, gar nicht zu, dass er überhaupt merkt, was gespielt wird. Als diesem König dann gar seine Tochter als erste entgegenläuft, beschließen Vater und Tochter gemeinsam, sich keinesfalls an das Versprechen gegenüber Hans zu halten.

Ein König, der nicht enttäuscht

»Hans mein Igel aber hütete die Esel und Schweine, war immer lustig, saß auf dem Baum und blies auf seinem Dudelsack. Nun geschah es, dass ein anderer König gefahren kam mit seinen Bedienten und Laufern und hatte sich verirrt und wusste nicht, wieder nach Hause zu kommen, weil der Wald so groß war. Da hörte er gleichfalls die schöne Musik von weitem und sprach zu seinem Laufer, was das wohl wäre, er sollte einmal zusehen. Da ging der Laufer hin unter den Baum und sah den Göckelhahn sitzen und Hans mein Igel oben drauf. Der Laufer fragte ihn, was er da oben vorhätte. ›Ich hüte meine Esel und Schweine; aber was ist Euer Begehren?‹ Der Laufer sagte, sie hätten sich verirrt und könnten nicht wieder ins Königreich, ob er ihnen den Weg nicht zeigen wollte. Da stieg Hans mein Igel mit dem Hahn vom Baum herunter und sagte zu dem alten König, er wolle ihm den Weg zeigen, wenn er ihm zu eigen geben wollte, was ihm zu Haus vor seinem königlichen Schlosse das erste begegnen würde. Der König sagte Ja und unterschrieb sich dem Hans mein Igel, er sollte es haben. Als das geschehen war, ritt er auf dem Göckelhahn voraus und zeigte ihm den Weg und gelangte der König glücklich wieder in sein Reich. Wie er auf den Hof kam, war große Freude darüber. Nun hatte er eine einzige Tochter, die war sehr schön, die lief ihm entgegen, fiel ihm um den Hals und küsste ihn und freute sich, dass ihr alter Vater wieder kam. Sie fragte ihn auch, wo er so lange in der Welt gewesen wäre, da erzählte er ihr, er hätte sich verirrt und wäre beinahe gar

nicht wiedergekommen, aber als er durch einen großen Wald gefahren wäre, hätte einer, halb wie ein Igel, halb wie ein Mensch, rittlings auf einem Hahn in einem hohen Baum gesessen und schöne Musik gemacht, der hätte ihm fortgeholfen und den Weg gezeigt, er aber hätte ihm dafür versprochen, was ihm am königlichen Hofe zuerst begegnete, und das wäre sie, und das täte ihm nun so Leid. Da versprach sie ihm aber, sie wollte gerne mit ihm gehen, wann er käme, ihrem alten Vater zuliebe.«

Hans mein Igel lässt den Vorfall auf sich beruhen, ahnt noch nichts von einer negativen Entwicklung der Dinge. Seit der Begegnung mit dem König ist er vielmehr – so heißt es im Märchen – »immer lustig«. Zuversichtlich, guter Dinge scheint unser Hans auf jeden Fall dadurch geworden zu sein, dass er durch die Begegnung mit dem ersten König gemerkt hat, dass er gelegentlich doch zu gebrauchen ist mit seiner besonderen Walderfahrung, ja dass ihn gelegentlich sogar eine Autorität um Rat fragen muss, die sich selbst nicht mehr zu helfen weiß. Nun, er soll sich letzten Endes nicht getäuscht haben: Ein weiterer König kommt vorbei, verirrt und desorientiert in diesem Waldgelände wie der erste. Auch ihm kann von Hans geholfen werden, und auch er gibt sein Wort, seine Unterschrift, diesmal aber redlich: »Er verschreibt's ihm.« Den alten Ausdruck »jemandem etwas verschreiben« gebrauchen wir heute nur noch, wenn es um die Ausstellung eines Rezepts für Medikamente geht. Für Hans wird das wirklich zum Heilmittel werden, was dem König zuerst begegnet, als er nach Hause kommt: natürlich niemand anders als die Königstochter. Trotz des Misstrauens unseres Hans und seines Wunsches nach einer Gegenleistung reagiert dieser König seinerseits nicht mit Misstrauen, sondern mit Zutrauen zu Hans. Es ist also nicht zwingend so, wie man bei der Begegnung mit dem ersten König hätte vermuten können, dass das ausgeprägte Misstrauen des Hans allen Vater- und Autoritätsfiguren gegenüber diese auch immer neu negativ konstellieren müsste. Der Zirkel kann durchbrochen werden: durch einen einzigen Vertrauensbeweis von seiten einer solchen Gestalt. (Wie schon eine einzige Wunscherfüllung von seiten des Vaters ungeahnte Kräfte in Hans freigesetzt hatte, und sei es auch nur die, auf den eigenen Weg zu kommen.) Es sind die beiden Gesichter des Vater-Archetyps, die sich für Hans in den beiden Königen konstellieren: Die abweisende enttäuschende Seite erscheint ihm erneut im ersten König; die andere, noch immer erhoffte, erträumte, wenn bisher auch noch nie erlebte, Vertrauen erweisende Seite beim zweiten König. Nicht der Vater-Archetyp selbst hat, strenggenommen, zwei Gesichter, sondern die beiden Perspektiven entsprechen der Einstellung des Erlebenden gegenüber dem Vater-Archetyp. Hans begegnet beiden Seiten des Vater-Archetyps zunächst mit der gleichen Bedingung. Die Hoffnung, es könnte sich doch noch etwas anderes konstellieren als bei seinem eigenen Vater, ist nicht erloschen. Selbst dem eigenen Vater gegenüber hofft er weiter, wahrscheinlich nur deshalb, weil er vom archetypischen Vaterbild erfüllt ist. Die zweite Begegnung mit einer Vaterfigur in Gestalt des anderen Königs verläuft endlich positiv für Hans. Seine Kraft zur Hoffnung ist nach der Begegnung mit dem ersten König, nach der Erfahrung, gebraucht zu werden, gewachsen.

Während der erste König den heimlichen Todeswunsch des Vaters unseres Hans wahr zu machen sucht, indem er gleich nach seiner Rückkehr den Befehl gibt, Hans bei seinem Erscheinen mit Bajonetten zu bedrohen, während also im ersten König die negative Perspektive seines Vaters erscheint, die er sich, so krass wie sie ist, vielleicht selbst noch nicht hat eingestehen können – einen Vater zu haben, der ihm den Tod wünscht und der ihm nimmermehr eine Frau gönnt –, erscheint ihm im zweiten König ein dankbarer, annehmender Vater, der sein Wort hält und ihm ohne Vorbehalte vertraut. Mehr ist es zunächst gar nicht, was ihm gegeben wird, mehr muss es auch nicht sein, um seinem Schicksal eine neue Wendung zu geben.

Erzählerisch wird dadurch ein großes Spannungsgefüge geschaffen, da wir zunächst gar nicht erfahren, was aus der Begegnung mit den Königen und ihren Versprechen weiter wird. Die Könige tauchen auf und verschwinden wieder.

Hans lebt indessen noch immer im Wald, ohne die Konsequenzen dieser Begegnungen zu erfahren. Doch haben sie ihn gestärkt, vor allem durch das Erlebnis, für andere, die in Not geraten sind, etwas wert zu sein.

Ein Schlachtfest für das Dorf

»Hans mein Igel aber hütete seine Schweine, und die Schweine bekamen wieder Schweine und wurden ihrer so viel, dass der ganze Wald voll war. Da wollte Hans mein Igel nicht länger im Walde leben und ließ seinem Vater sagen, sie sollten alle Ställe im Dorf räumen, denn er käme mit einer so großen Herde, dass jeder schlachten konnte, der nur schlachten wollte. Da war sein Vater betrübt, als er das hörte, denn er dachte, Hans mein Igel wäre schon lange gestorben. Hans mein Igel aber setzte sich auf seinen Göckelhahn, trieb die Schweine vor sich her ins Dorf und ließ schlachten; hu! da war ein Gemetzel und ein Hacken, dass man's zwei Stunden weit hören konnte. Danach sagte Hans mein Igel: ›Väterchen, lasst mir meinen Göckelhahn noch einmal vor der Schmiede beschlagen, dann reit' ich fort und komme mein Lebtag nicht wieder.‹ Da ließ der Vater den Göckelhahn beschlagen und war froh, dass Hans mein Igel nicht wiederkommen wollte.«

Hans macht nun bald die Erfahrung, dass seine Zeit im Wald auf Veränderung drängt, denn seine Herden sind so groß geworden, dass der Wald von ihnen »voll ist«. Er beschließt, zurück ins Dorf zu gehen, um den Leuten samt seinen eigenen Eltern zu zeigen, was aus ihm geworden ist, um »es« ihnen »zu zeigen«. Sie hatten ihm nichts gegeben, er aber kann nun mit einer ganzen Herde kommen, kann sie alle satt machen. Hans hat ein großes Selbstvertrauen gewonnen, er hat zu geben, ja er kann »es« ihnen geben.

»Ich komme erst dann über eine Enttäuschung oder über den Hass gegen Menschen weg, wenn ich mich nicht mehr nur als ihr Opfer fühle, sondern ihnen etwas zu geben habe, wenn ich ihnen zeigen kann, wer ich bin«, so sagte mir neulich eine Frau. Und eine Israelin kam – wie sie berichtet – über ihren Hass gegen die Deutschen erst weg, als sie ihnen etwas von ihren Forschungen und ihrer Praxis weitergeben, mitteilen konnte. »Wenn ich als Gebende kommen kann«, sagt sie, »verschwindet das Gefühl der Bitterkeit gegenüber den Menschen eines Volkes, das uns so viel angetan hat.«

Es ist aber auch wichtig für Hans, dass er nun selbst, ohne Anstoß von außen, empfindet, dass er nicht länger im Wald leben will. Eine Phase geht für ihn zu Ende, er muss die Tiere jetzt auch wieder loswerden, die er seinerzeit mitgenommen hat und die sich so wundersam vermehrt haben. Damit muss er auch die Anteile seines Wesens zurückgeben, die sich in Schwein und Esel verkörpern und bei denen es sich auch um Anteile seiner Eltern in ihm handelt. Sie sind fruchtbar geworden, ungemein fruchtbar, in der stillen Zeit im Walde, aber jetzt ist es an der Zeit, sie nutzbar zu machen, sie auszuteilen, sie schlachten zu lassen und damit ein großes Festmahl zu gestalten, das die ganze Dorfgemeinschaft mit ihm, Hans, zusammenführt. So hofft er wohl. Hat doch schon die Begegnung mit den Königen für ihn eine neue Perspektive eröffnet, die Hoffnung, dass sein Leben in größerem Umfeld weitergehen könnte. So kann er jetzt ein Opfer bringen, seine bisherige Existenz aufheben.

Eine Teilnehmerin der Imaginationsgruppe erlebte es als sehr hart, die gewonnenen Kräfte, die Schweine, schlachten zu sollen – sie erlebte es überhaupt nur als ein Sollen, als ein Opfernmüssen. Für sie persönlich war die Situation spürbar noch nicht »reif« zur Veränderung, zur Ablösung. Die relative Ruhe und Autarkie der Zeit im Wald bei der großen Mutter Natur, die Möglichkeit der Konzentration auf sie selbst und ihre Gefühle (Musik), das Kräftesammeln war für sie gerade das, was sie jetzt brauchte. Als sie sich, dem Gang des Märchens folgend, aus dieser Lebenssituation losriss, brauchte sie übermäßige Kräfte und konnte nur unter großen Schmerzen Schritt für Schritt den Verlauf des Märchens mitvollziehen. Es war wichtig für sie – sie lernte es an dem Märchen –, zu erkennen, was für sie »dran« war, und sich nicht zu überfordern.

Das Schlachten der Schweine aber ist für Hans ein Opfer, das auch Aggression enthält. Er will den Dorfbewohnern zeigen, was er zu geben hat, was er gewonnen hat, was er ist und was er kann. Es kommt wohl zweierlei zusammen, das auf Veränderung drängt: Einmal ist der Wald nun so voll geworden, dass Hans gar nicht mehr weiß, wohin mit den zahlreichen Tieren. Das ist ein schönes Bild für das Ausgereiftsein einer Lebenssituation, ein Abgesättigtsein in ihr. Wohl dem, der sagen kann, eine Lebensphase sei so erfüllt, dass sie aus allen Nähten platze! Es ist alles reif für eine neue Phase. Hier hat er zum ersten Mal das Erlebnis des Sattseins, des Abgestilltseins, das er als Kind nicht kannte. Und das möchte er feiern; daran möchte er das ganze Dorf, die ganze Umwelt seiner Kindheit teilhaben lassen. Zugleich kommt er mit einer letzten Werbung zu seinem Vater, den er – Wirkung des archetypischen Vaterbildes – noch nicht aufgegeben hat, um dessen positive Väterlichkeit er, gerade nach der Begegnung mit den Königen, noch einmal ringt. Er kommt genau in der Weise zum Vater zurück, mit der er seinen besitz-stolzen Vater noch am ehesten meint packen zu können: Er kommt mit seinem Reichtum an materiellen Gütern, die er gleichsam als Gastgeschenk mitbringt. In Japan und China gilt der Igel übrigens auch als Symbol des Reichtums.

Nach der Phase im Wald bei der großen Mutter Natur, die ihn wirklich erfüllt, gestillt und mit viel Kraftgefühl versorgt hat, hätte er nun doch eigentlich gleich zu den Königen aufbrechen können, so möchte man meinen, nachdem die Episode mit ihnen so ausführlich erzählt worden ist. Es ist aber entwicklungspsychologisch stimmig, wenn das Märchen erzählt, dass Hans offenbar gar nicht anders kann, als sich vor einem Aufbruch zu den Königen noch einmal seinem Vater, seinem Vater-Komplex zu stellen, den er mit sich herumschleppt. Er fühlt sich durch das, was er mitzubringen, was er zu geben hat, als der Reichere, der Überlegene seinem Vater gegenüber. Er traut sich zu, so mit allem Beschämenden, das der Vater und die Dorfgemeinschaft ihm zugefügt haben, fertig zu werden. Der Junge möchte den Triumph haben, ihnen zu zeigen, dass er nicht umgekommen ist, dass er es statt dessen zu etwas gebracht hat. Er wirbt aber doch auch noch einmal um das Herz des Vaters, sucht Versöhnung. Es ist noch einmal ein dem bäuerlichen Leben konformes Handeln, wenn er die mächtig gewachsene Herde zurück zu dem Hof des Vaters führt, als wolle er sich damit doch noch als der, der den Hof erben kann, qualifizieren.

Welch ein Unterschied zu dem Gleichnis vom »verlorenen Sohn« in der Bibel, wo der Sohn mit dem reichen väterlichen Erbe versehen auszieht, aber alles verprasst und als Schweinehirt endet, bis ihn der Hunger zurück in das Haus seines Vaters treibt! Hans dagegen ist bettelarm ausgezogen und bringt dem Vater eine Herde von der Größe mit, dass sie ein ganzes Dorf ernähren könnte.

Dieses Märchen ist spürbar als ein Gegenbild zum Gleichnis vom verlorenen Sohn erzählt. Läuft dort der unverbrüchlich treue Vater dem verlorenen Sohn entgegen, so hier der unverbrüchlich treue Sohn dem verlorenen Vater. Hans muss doch meinen, er habe es recht gemacht, gerade da sein Vater so materiell denkt. Auch vor dem ganzen Dorf möchte er für den Vater Ehre einlegen. Das Märchen erzählt ja von Anfang an eine Familiengeschichte, in der es um Rang und Namen innerhalb der Soziologie einer Dorfgemeinschaft geht. Es war von Anfang an das Familienproblem, dass aus Prestigegründen ein Sohn geboren werden musste. Der Sohn trägt an diesem Problem, möchte es einlösen trotz allem, was ihm angetan wurde. Er glaubt noch immer daran, dass seines Vaters Herz schmelzen könne, wenn er ihm auf der eigenen Problemebene etwas bietet, etwas bringt. Hans träumt wohl davon, dass das Schlachtfest, das er mit seiner Herde ermöglicht, das erste Fest sein könnte, an dem er als der erkannt und anerkannt würde, der er ist, an dem er auch seine Kunst zeigen und mit dem Dudelsack aufspielen könnte. Ein Fest, bei dem es dionysisch zugehen und bisherige Feinde Freunde werden könnten. Ein großes Fest geben zu können, ist der Traum vieler wenig bemittelter Menschen, die sich dann tatsächlich bei einem fällig werdenden Familienfest oder als Studenten an einer Fete für das ganze Semester gänzlich verausgaben, ihre Möglichkeiten überziehen, nur um auch einmal als die ganz großen Gastgeber dastehen zu können. Hans aber überzieht seine Mittel gar nicht, er schneidet nicht auf, denn er ist wirklich in der Lage, das Fest zu geben. Hans meldet sich beim Vater an mit seiner stolzen Herde, mit seiner Idee, dem Dorf ein Fest zu geben, voll Erwartung auf eine positive Antwort, aber das Märchen berichtet von einer schockierenden Reaktion: »Da war sein Vater betrübt, als er das hörte, denn er dachte, Hans mein Igel wäre schon lange gestorben.« Mit dieser Reaktion fügt der Vater dem Sohn die schlimmste Enttäuschung zu, die überhaupt möglich ist. Zwar findet das Schlachtfest dann dennoch statt, aber schon im Erzählton des Märchens spüren wir nun einen aggressiven Unterton, der als Echo auf die Gefühle des Hans zu verstehen ist: Von dem Abstechen und Zerhacken der Tiere, von dem großen Gemetzel und Geschrei – Huh! – ist nun ausführlich die Rede. Aus dem Geschenk, aus dem Fest wird nach der Ablehnung durch den Vater ein Gemetzel. Zwar mag es sein, dass zu der Zeit, in der unsere Geschichte niedergeschrieben wurde, auch bei dieser Erzählweise noch mehr von einem dionysischen Festüberschwang vermittelt wurde als heute, wo wir eher negative Gefühle und ein schlechtes Gewissen bekommen, wenn wir vom Abschlachten einer solchen Tiermenge hören. »Metzgete« ist der überlieferte Name eines großen kultischen Schlachtfestes. Was da los war, ahnen wir immerhin, wenn wir es uns auch einmal akustisch vorstellen: »Huh« – da werden die Schweine gestochen und zerhackt, wir hören ihr hundertfaches Quietschen und Schreien, dazu den Dudelsack und das Stimmengewirr der Dorfbewohner. Wir kommen dem Sachverhalt wohl am nächsten, wenn wir das Wort in seiner doppelten Bedeutung ernst nehmen, als ein Schlacht-Fest. Ein Fest, aber eines des Schlachtens ist es, das Hans dem Dorf bereiten möchte, um damit seine aggressiven Impulse gleichsam konstruktiv zurückzugeben, um dem Dorf heimzuzahlen. Es zeigt sich aber, dass dieses Angebot des Hans den Vater noch immer nicht erreicht, es besteht noch keine Möglichkeit, den Vater mit zu erlösen.

Hans vermag es nicht, auf der Basis bäuerlich-materiellen Denkens, mit dem er sich auf die Ebene des Vaters begibt, den Vater zu verändern. Er vermag es allerdings am Ende des Märchens von einer gänzlich neuen Warte aus: auf der Basis seines neuen Seins als König, das heißt, als er ganz zu sich selbst gekommen ist – der König ist Symbol für das Selbst im Menschen – und durch nichts mehr vom Vater abhängig. Doch hier, zur Zeit des Schlachtfestes, ist der Vater noch ganz der Alte, als den ihn das Märchen zu Anfang vorstellt. Das Märchen berichtet immer wieder, psychologisch stimmig, wie es dem Jungen mit seiner Bindung an den Vater ergeht: Wenn ein Sohn einmal den Vater als Problem hat, ist er zugleich besonders an den Vater gebunden; aber indem dieser Vater ihn immer neu verstößt, wirkt er unfreiwillig daran mit, dass der Junge schließlich doch von ihm loskommt. Noch schwerer ist es für den Sohn, wenn die Ablehnung nicht offensichtlich, sondern verkappt ist oder wenn sie sich hinter vordergründiger Freundlichkeit versteckt.

Beim negativen Elternkomplex kommen immer wieder so ambivalente Szenen vor wie hier im Märchen. Da sagt zum Beispiel ein Student, der in einem unheilbaren Zerwürfnis mit seinem Vater lebt, dass er zu Weihnachten unbedingt nach Hause fahren müsse, um seinem Vater zum letzten Mal zu versichern, dass er von jetzt ab nicht mehr kommen werde. Warum muss er aus solchem Anlass noch einmal nach Hause? Um sich eine neue Abfuhr zu holen? Um das Zerwürfnis noch unheilbarer zu machen? Um sich zu vergewissern, dass wirklich nichts mehr zu retten ist? Wahrscheinlich geht es vor allem um das letztere, hinter dem sich noch immer eine Hoffnung auf Wiederannäherung verbirgt. Ein anderer muss nach Hause fahren, um dem Vater ausdrücklich zu sagen, dass er kein Geld mehr von ihm annehmen wird – statt dass er die Überweisung stillschweigend zurückschickte. Fast immer bewirken solche letzten und überletzten Versuche und Besuche eine erneute Verwicklung, eine weitere Verletzung, die dann aber letzten Endes der Ablösung dient. Es gehört zum Schwersten – auch innerhalb von Therapien –, die Anhänglichkeit und Abhängigkeit von Kindern beziehungsweise erwachsenen Söhnen und Töchtern an den Elternteil, der sie ablehnt, zu durchbrechen. Schlimmstenfalls wird von diesen erwachsenen Kindern sogar noch eine Ersatzmutter oder ein Ersatzvater gesucht, die genauso arm und geizig an Gefühlen sind, wie die eigenen Eltern es waren. Denn nur an einem ebenso geizig ablehnenden Menschen, wie die Eltern es waren, könnte – so die paradoxe Logik solchen Verhaltens – der Beweis erbracht werden, dass ein ursprünglich ablehnender Mensch dazu bewegt werden kann, einen doch noch anzunehmen. Und nur dieser Beweis widerlegte die Urerfahrung solcher Kinder, von ihren Eltern abgelehnt worden zu sein. Vom Vaterarchetyp her ist der positive Vater in jedem Kind konstelliert. Das Märchen und sein Held, Hans mein Igel, hält in der Tat bis zur Erlösung dieser Seite des Vaterbildes aus. Es mag am

Ende einer gelungenen Therapie möglich werden, dass ein Kind den verwunschenen Elternteil schließlich miterlöst. Das gehört zu den gelegentlichen Wundern einer Therapie. Aber wenn überhaupt, gelingt das nur dann, wenn jeder Elternteil zuvor innerlich aufgegeben wurde und die Ablösung von ihm erfolgt ist. Erst dann kann sich etwas Neues konstellieren. Erst dann, wenn er die widersinnigen Werbungen um den Vater aufgibt, kann der Junge auf eigene Füße kommen, ein neuer werden, der in das alte Familienrollenspiel nicht mehr zu integrieren ist, weil er die ihm seit frühester Jugend zugedachte Rolle nicht mehr zu übernehmen gewillt ist. Nur so lässt sich der Zirkel öffnen. Wenn Kinder sich wirklich abgelöst haben, werden sie andererseits für die Eltern oft wieder recht attraktiv. Die Eltern merken dann, dass ihre alten Projektionen auf den selbständig Gewordenen einfach nicht mehr zutreffen, nicht mehr passen, ihn auch nicht mehr treffen. Der alte Clinch löst sich auf, und eine neue Beziehung zwischen dem als selbständig akzeptierten Sohn und den ihn neu entdeckenden Eltern kann zustande kommen. Der Vater des Hans wusste gar nicht, was es bedeutet hätte, einen Sohn in Menschengestalt zu haben, im Sohn ein selbständiges Gegenüber zu bekommen, mindestens ebenso unbequem, wie Hans mein Igel es war, einen eigenen Menschen und nicht nur einen, der vom Vaterkomplex geprägt und verbogen ist. Was die Verbiegung durch den noch immer nicht gelösten Vaterkomplex für Hans bedeutet, erfahren wir in der folgenden dramatischen Szene des Märchens, in der unser Hans zum ersten Mal mit einem weiblichen Wesen, der Prinzessin, zusammentrifft, die er zur Frau gewinnen möchte.

Wir brauchen die ganze Entwicklungsgeschichte des Hans, über die wir bisher reflektiert haben, um die Szene seiner Begegnung mit dem ersten König und der Prinzessin verstehen zu können, die ihn, trotz seiner damaligen Hilfeleistung für den Vater, so stark ablehnen, dass sie ihm nach dem Leben trachten.

Hans nimmt Rache

»Hans mein Igel ritt fort in das erste Königreich, da hatte der König befohlen, wenn einer käme auf einem Hahn geritten und hätte einen Dudelsack bei sich, dann sollten alle auf ihn schießen, hauen und stechen, damit er nicht ins Schloss käme. Als nun Hans mein Igel dahergeritten kam, drangen sie mit den Bajonetten auf ihn ein, aber er gab dem Hahn die Sporn, flog auf, über das Tor hin vor des Königs Fenster, ließ sich da nieder und rief ihm zu, er sollt ihm geben, was er versprochen hätte, sonst so wollt er ihm und seiner Tochter das Leben nehmen. Da gab der König seiner Tochter gute Worte, sie möchte zu ihm hinausgehen, damit sie ihm und sich das Leben rettete. Da zog sie sich weiß an, und ihr Vater gab ihr einen Wagen mit sechs Pferden und herrliche Bediente, Geld und Gut. Sie setzte sich ein, und Hans mein Igel mit seinem Hahn und Dudelsack neben sie, dann nahmen sie Abschied und zogen fort, und der König dachte, er kriegte sie nicht wieder zu sehen. Es ging aber anders, als er dachte; denn als sie ein Stück Wegs von der Stadt waren, da zog ihr Hans mein Igel die schönen Kleider aus und stach sie mit seiner Igelhaut, bis sie ganz blutig war, sagte: ›Das ist der Lohn für eure Falschheit, geh hin, ich will dich nicht‹, und jagte sie damit nach Hause, und war sie beschimpft ihr Lebtag.«

Als ich die Szene, in der Hans die Prinzessin entkleidet und mit seinen Stacheln jämmerlich zurichtet, mit Studentinnen besprach, erregten sich die jungen Frauen heftig darüber, dass das Märchen in solcher Selbstverständlichkeit von einer Vergewaltigung erzähle, die es noch dazu fast als ein Beispiel gerechten Lohnes für die Falschheit des Königs und seiner Tochter hinstelle. Sie wollten sich nicht von der Ansicht abbringen lassen, dass das Märchen einer gefährlichen sexistischen Moral Vorschub leiste, einer Moral, die dem Mann auf Kosten der Frau Rechte einräume, indem es ohne Verurteilung von dieser Vergewaltigung durch Hans erzähle, so als wäre das nichts als die logische Folge eines gebrochenen Versprechens des Königs. Es ist natürlich nicht zwingend im Sinne des Märchens, hinter dieser Szene eine Vergewaltigung zu vermuten. Zwar heißt es, dass Hans ihr die Kleider ausziehe, noch dazu die weißen – die Prinzessin hatte sich »in Unschuld«, in ein Brautkleid, gehüllt, obwohl sie doch gar nicht daran dachte, sich mit Hans zu verbinden –, doch kann das auch bedeuten, dass er ihr die falsche Fassade abreißt, die Maske. Aber dann heißt es doch auch sehr konkret, dass er sie mit seinen Stacheln zerstochen habe. Darunter haben wir uns schon eine Umarmung vorzustellen, die sie sehr verletzt hat – physisch und psychisch wohl zugleich – und die ihr Schande, auch in den Augen anderer, eingebracht hat. Sie war »beschimpft ihr Lebtag«. Es ist doch naheliegend, dahinter im Sinne früherer Moralvorstellungen auch dies zu verstehen, dass Hans sie »um ihre Unschuld gebracht« hat. Die feministisch empfindenden Studentinnen wären also doch nicht auf dem Holzweg mit ihrer Vermutung.

Was aber will das Märchen mit der Schilderung dieser Szene eigentlich zeigen? Es scheint doch gerade nicht Moral predigen zu wollen. Das empfanden die Studentinnen ja auch. Wenn sie es nun aber mit Entrüstung aufnehmen, als lasse es das Märchen an Moral fehlen, so missverstehen sie doch dessen Intention. Das Märchen ist aus der Perspektive des Hans erzählt. Es ist überhaupt Märchenart, die Perspektive ihres Helden beizubehalten und sich nicht in die Nebenfiguren hineinzuversetzen. In unserem Märchen wird der ganze Hintergrund der Familiengeschichte des Hans aufgerollt, um diese schockierende Tat in den Zusammenhang seiner Entwicklung zu stellen. Seine sadistische Handlungsweise an dieser Prinzessin, die ihn allerdings ablehnt, ist als Glied in der Kette einer Entwicklung geschildert, die ihn geprägt hat. Es ist im Zusammenhang des Märchens nur stimmig, eine solche Szene zu schildern als eine unvermeidliche Station auf dem Weg, der zum Ablegen der Tierhaut führt. Wir erinnern uns: Hans hatte auch eine negative Beziehung zu seiner Mutter gehabt, die ihm seinen Namen gab. Die Mutter aber stellt das erste Bild der Frau dar, das sich dem Sohn einprägt. Jetzt kommt das Mädchen, die junge Frau, der er begegnen möchte, und lehnt ihn wieder ab. Bei der Mutter konnte er nicht trinken, so hieß es, weil sie fürchtete, er könnte sie stechen. Aus Angst vor seinen Stacheln haben bisher alle ihn abgelehnt, obwohl er – nach dem bisherigen Bericht des Märchens – noch niemandem etwas zuleide getan hat. Jetzt aber reißt er diesem Mädchen, auf das er so viele Erwartungen gesetzt hat und das ihn bis auf den Tod ablehnt, die Kleider vom Leibe und sticht sie wirklich, tut das tatsächlich, was ihm alle bisher immer nur unterstellt hatten. Er rächt sich nicht zuletzt dadurch, dass er nun die Rollen tauscht, dass er von sich aus sie ablehnt und zurückschickt: »Geh weg, ich will dich nicht.« Auch durch diese Niederlage, dass er ihr mit seiner Ablehnung zuvorkommt, fühlt sie sich möglicherweise »beschimpft ihr Lebtag«. Aber er rächt sich, indem er sich an dem Mädchen vergeht, zugleich an der eigenen Mutter.

Wir dürfen hier sicher diesen König und dessen Tochter als zusammengehörige Komponenten ein- und desselben Vaterkomplexes bei Hans sehen. Beide sind negativ aufgeladen. Wenn man die Szene wörtlich nimmt, kann man sich darüber aufregen, dass die Tochter hier zum Opfer wird, obwohl doch der Vater das Versprechen an Hans gebrochen hat. Sie badet es aus. Es ist aber psychologisch stimmig und relevant, dass vatergebundene Töchter auch die krummen Touren ihrer Väter mit auszubaden haben. Allerdings: Wären Beispiele wie dieses, in dem ein Vater seine Tochter verschachert, um sein eigenes Leben zu retten, in der Familiensoziologie jener Zeit nicht so häufig gewesen, kämen sie auch nicht in so zahlreichen Märchen vor. Trotzdem scheint mir die Perspektive, Vater und Tochter als eine einzige, Hans gegenüberstehende und negativ besetzte Einheit zu sehen, dem Sinn des Märchens zu entsprechen. Die erste Frau im Leben des Hans bekommt zu spüren, was in Hans negativ besetzt ist, sie muss ausbaden, was die Eltern bei ihm angerichtet haben. Sie gerät unter die Stacheln seines Komplexes. Seine Aggression, die er bisher auf meisterhafte Weise in Schach gehalten hat – das Schlachtfest war ja noch direkt eine soziale Tat –, bricht hier durch. Wenn wir uns vorstellen, wie solche Märchen früher innerhalb von Dorfgemeinschaften erzählt wurden, in denen es doch immer einmal vorkam, dass ein halbwüchsiger Junge ein Mädchen, das ihn abwies, in ähnlicher Weise »verstach« – das galt als Schande für den Jungen, vor allem aber für das Mädchen –, so können wir nun auch ermessen, was solch eine Erzählung bewirkt haben mag: Sie fordert auf, darüber nachzudenken, wie es dazu kommt, dass gerade ein Hans mein Igel so etwas tut. Die Dorfbewohner mögen durch solch ein Märchen darauf gestoßen worden sein, dass Hans mein Igel schon immer gegen Ablehnung zu kämpfen hatte, dass man es ihm immer schon sehr schwer gemacht hatte, und mögen Verständnis für das Übermaß seiner Enttäuschung und seiner aufgestauten Wut bekommen haben. Die Abweisung durch dieses prinzessinnenhafte Mädchen, dessen Vater ihm den Tod wünschte, obwohl Hans ihn einmal gerettet hat – das war zuviel für die Selbstbeherrschung unseres Hans. Nun hat er Rache genommen.

Ein Beispiel möge das verdeutlichen: Ein behinderter Junge, der durch ein Hüftleiden hinkt, übrigens Sohn einer schönen, künstlerisch tätigen Frau, wird von dem ersten Mädchen, das ihn fasziniert, abgewiesen. In seiner furchtbaren Verletzung versucht er sich zu rächen, indem er ihren guten Ruf zu untergraben sucht; zum Beispiel spricht er vor den Klassenkameraden – er ist zu der Zeit noch Schüler – von ihr nur noch als einer »Hure«. Er entwertet sie, gerade vor anderen, wo immer er kann.

Erst aus der nachfolgenden Episode des Märchens, in der die zweite Königstochter auftaucht, erfahren wir, dass es für eine Frau eben doch möglich ist, sich mit Hans mein Igel einzulassen.

Übrigens wäre unser Hans wohl wirklich verloren gewesen und in die gegen ihn aufgestellten Bajonette der Königswache gelaufen, wenn er den Hahn nicht gehabt hätte. Der Hahn ermöglicht ihm, sich über die Situation zu erheben. Das Auffliegen des Hahns ist ein Bild für die gewonnene Kraft, sich über eine Lage, die ihn tatsächlich bedroht, hinauszuheben. Er, der nicht eingelassen werden sollte, erscheint unmittelbar vor dem Fenster des Königsgemachs und erzwingt durch seine Gegendrohung die Herausgabe der Tochter. Hans hat hier einen enormen Mut zur offenen Aggression: Es wirkt geradezu gefährlich, als er, der durch Schießbefehl Bedrohte, selbst mit dem Totschlag droht. Der König lässt sich völlig davon einschüchtern, opfert – bezeichnend für seine Unväterlichkeit, die er mit Hansens Vater teilt – die Tochter, um sein eigenes Leben zu retten. Wir, die unseren Hans kennen, der außer dem Dudelsack keine Waffe bei sich führt und noch immer kein anderes Kampfross als den Hahn reitet, fürchten vielleicht nicht gleich um das Leben des Königs und seiner Tochter. Wir nehmen nur wahr, dass unser Hans plötzlich zum Gegenangriff übergeht und einzuschüchtern versteht. Wir freuen uns vielleicht für ihn – wenn auch nicht gerade für die Königstochter –, dass das jetzt möglich geworden ist. Und so schlimm, wie der König in seiner negativen Projektion auf Hans annahm, geht es nun auch wieder nicht aus. Der König hielt ja für möglich, dass er seine Tochter nie mehr wiedersähe; sie würde von Hans entweder für immer entführt oder womöglich sogar umgebracht werden. Trotzdem gibt er sie ihm preis. Hans jedoch schickt sie zum Vater zurück, wenn auch verletzt und gedemütigt. Bei einem, der erlebt, dass er getötet werden soll, wäre eine gefährliche Gegenreaktion nicht gänzlich außerhalb des Möglichen. Hier haben die Drohgebärden von früher selbst zurückgesetzten und oft auch misshandelten Jugendlichen ihren psychologischen Ort. Unser Hans aber will niemanden umbringen.

Erstaunlich aber war im Vergleich hierzu, was für Gefühle die Frauen innerhalb der schon erwähnten Märchen-Arbeitsgruppe bei der Imagination dieser Szene in ihrer Phantasie erlebten.

Alle hatten sich in die Rolle des Hans – nicht der Königstochter – versetzt und hatten eine gewaltige Wut auf den »falschen« König mitgebracht, dessen gefälschten Brief sie schon gleich bei der Ausstellung im Wald hatten lesen können. Die Unterstellung des Königs, Hans sei Analphabet und »verstehe es doch nicht«, hatte sie von Anfang an herausgefordert.

Die Wut richtete sich vor allem auf den König. Eine der Frauen schrie ihm durch das Fenster so wild entgegen – in dem Moment stark spürend, dass sie den eigenen Vater und den Chef meinte –, dass er richtig Angst bekam. Sie selbst dagegen bekam zum ersten Mal in dem ganzen Verlauf des Märchens »Luft«, fühlte sich freier. Sie konnte beim Nachlesen des Märchentextes gar nicht verstehen, dass das Märchen hier »nur« indirekte Rede verwendet, diese Ausdrucksweise war für sie viel zu schwach.

Die Königstochter wurde – mit einer Ausnahme – von keiner der Frauen, die sich in die Rolle des Igels versetzt hatten, wirklich »verstochen«; sie wurde nur heimgeschickt zu ihrem Vater und von Herzensgrund als »blöde Kuh« beschimpft. Die Frauen empfanden stark, wie sehr sich diese Königstochter mit dem Vater identifiziert und keine eigene Identität entwickelt hatte. Sie schämten sich für sie und mit ihr, da sie eigene Probleme mit der Abhängigkeit von ihren Vätern und der daraus folgenden Unfähigkeit, sich auf männliche Partner einzulassen, nachempfanden. Bei einer Teilnehmerin war die angestaute Wut auf solches Verhalten so stark, dass sie wirklich »zustach« und dabei Erleichterung empfand.

Hans wird angenommen

»Hans mein Igel aber ritt weiter auf seinem Göckelhahn und mit seinem Dudelsack nach dem zweiten Königreich, wo er dem König auch den Weg gezeigt hatte. Der aber hatte bestellt, wenn einer käme wie Hans mein Igel, sollten sie das Gewehr präsentieren, ihn frei hereinführen, Vivat rufen und ihn ins königliche Schloss bringen. Wie ihn nun die Königstochter sah, war sie erschrocken, weil er doch gar zu wunderlich aussah, sie dachte aber, es wäre nicht anders, sie hätte es ihrem Vater versprochen. Da ward Hans mein Igel von ihr bewillkommt und ward mit ihr vermählt, und er musste mit an die königliche Tafel gehen, und sie setzte sich zu seiner Seite, und sie aßen und tranken.«

In dieser Szene des Märchens schließlich gelangt Hans vor den König, der es redlich mit ihm meint, und damit auch zu der Königstochter, die sich wirklich auf ihn einlassen will. Wir sind bei der entscheidenden Stelle: Was kann geschehen, muss geschehen, damit das scheinbar Unmögliche wahr werden kann: dass Hans seine Igelhaut, die mit ihm verwachsen zu sein scheint, endlich doch abstreifen kann? Denken wir zuvor noch einmal über das nach, was solch eine Haut eigentlich bedeutet. Der Austausch mit der Außenwelt, das Schwitzen und das Frieren, ja das Atmen geschieht durch die Haut. Hat einer eine zu dicke oder zu dünne Haut, ist der Kontakt mit der Umwelt und den Menschen erschwert. Bei Verbrennungen von zu großen Flächen unserer Haut können wir nicht überleben. Zwischenmenschlicher Kontakt, Berührung und Zärtlichkeit werden durch die Haut vermittelt, durch die Haut wahrgenommen. Wenn einer Stacheln hat anstelle feiner menschlicher Haut, ist er zwar abgeschirmt, aber auch von zärtlichem Kontakt geradezu ausgeschlossen. Nun aber nimmt die Geschichte unseres Hans eine Wende, die es Schritt für Schritt immer überflüssiger macht, dass er so gepanzert wie ein Igel in die Welt tritt. Wir hören schon zum Eingang dieser Szene zum allerersten Mal in diesem Märchen davon, dass Hans zu Tisch geladen wird, dass er mit anderen gemeinsam isst und trinkt. Zwar hatte er seinerzeit das Dorf zum Schlachtfest eingeladen, aber ob es zum gemeinsamen Essen der Dorfleute mit ihm gekommen ist, erfahren wir nicht. Bei dem zweiten König nun »muss« er, wie selbstverständlich, zur Tafel kommen. Wenn es darum gehen soll, Gemeinschaft herzustellen, kann ein gemeinsames Essen sehr wichtig werden. Hier scheint das gemeinsame Mahl den Zugang zu der entscheidenden Wandlung der Situation für Hans zu eröffnen. Er bringt natürlich in diese neue Situation alles das als Voraussetzung mit, was er während der ganzen Entwicklung, die das Märchen erzählt, hinzugewonnen hat: seine Durchhaltekraft, seinen Mut, sich in Unbekanntes zu wagen, auch seine Enttäuschungserfahrungen und das Erlebnis seiner Rachsucht. Nun aber erlebt er sich zum ersten Mal als angenommen, so wie er ist. Wir merken es auch daran, dass er ausdrücklich – mit präsentiertem Gewehr, mit Vivat-Rufen – willkommen geheißen wird. Vivat, das heißt ja: Er soll leben, er lebe hoch. Welch ein Gegensatz zu dem früher berichteten Wunsch seines Vaters, er möge sterben, oder dem Befehl des ersten Königs, die Bajonette mögen gegen ihn gerichtet werden! Wenn solch ein herumgestoßener Mensch wie Hans zum ersten Mal erlebt, dass man ihn hochleben lässt, aus Dankbarkeit: Welch einen Wandel in seinem Lebensgefühl mag das anbahnen!

In der Imaginationsgruppe zum Märchen erlebte sich eine Frau am Tisch des Königs so »pudelwohl«, so ganz und gar in ihrer Eigenart als Igel angenommen, dass sie laut und ungehemmt auf ihre Igelart zu essen begann, hörbar Nüsse zerknackte und ungeniert schmatzend auch die übrige Nahrung mit dem Kiefer zermahlte.

Doch kein Wandel der Situation ist umstürzender für Hans als der, dass die Königstochter selbst bereit ist, sich auf ihn einzulassen, obwohl sie in der Tat wahrnimmt, wie schwierig er ist. Sie überspielt es nicht, sie projiziert nicht ein eigenes Wunschbild auf ihn, sondern sie sieht ihn, wie er ist. Sie erschrickt auch vor seinen Stacheln, wie es ausdrücklich heißt. Daran merken wir, dass sie wirklich mit »Hans mein Igel« ins Bett gehen wird, nicht mit irgendeinem Erträumten, sondern mit einem, »der gar zu wunderlich aussieht«, einem Eingeigelten, der aus Selbstschutz sehr verletzen kann. Sie sieht, woran sie ist. Während die Mutter des Hans, so sehr sie sich das Kind gewünscht hatte, der Auffassung war, Hans mein Igel »könne« gar nicht erst an ihre Brust kommen, will die Königstochter, auch wenn sie sich vor ihm fürchtet, eben diesen Hans mein Igel an sich heranlassen, sich mit ihm einlassen. Sie will sehen und erleben, was in der Begegnung mit diesem Mann möglich ist.

Das also ist die Voraussetzung, die Hans von außen, vom Gegenüber her gegeben wird, damit er sich grundlegend verwandeln kann. Niemand überzeugt uns ja mehr als ein aufrichtiges Gegenüber, das unsere Mängel sieht und zu benennen wagt und sich trotzdem mit uns einlässt. Nur vor einem solchen Gegenüber brauchen wir uns nicht länger zu verbergen.

Der Vertrauensbruch – so oft erlebt, dass er schon fast voraussagbar ist – findet bei der zweiten Begegnung unseres Hans mit einem König und dessen Tochter nicht statt. Die aufrichtige Dankbarkeit dieses Königs gegenüber Hans, der ihm einmal in einer schwierigen Situation geholfen hat, verwandelt die Situation, öffnet den Zirkel, in dem Hans sich bis dahin eingeschlossen wusste. Der König erkennt ausdrücklich etwas an, das Hans geleistet hat, jene Hilfe damals in seiner eigenen Verirrung und Orientierungslosigkeit im Wald. Hans hatte ihm, dem König, den Weg zeigen können, weil er sich eben in jenem Wald selber redlich durchgeschlagen und Überblick gewonnen hatte. Die Dankbarkeit des Königs ist etwas Großes und Neues im Leben des Hans, es ist die Erfahrung, dass nicht heimlich wieder zurückgenommen und durchgestrichen wird, was ihm einmal versprochen worden ist. Vielmehr wird er nun an die gemeinsame Tafel geladen und dabei so genommen, wie er nun einmal ist. Diese Frau, die Prinzessin, wagt es mit ihm, auf jede Gefahr hin.

Nun sind wir bei ihm selber, bei der Voraussetzung, die er in sich selbst schaffen muss, damit die Wandlung sich vollziehen kann. Jetzt muss ihm bewusst werden, dass die Zeit reif geworden ist, das Unerhörte zu tun: die eigene bisherige Lebenshaut auszuziehen – und dass kein anderer das für ihn tun kann als nur er selber. Zwar kann man versuchen, in wohlmeinender Absicht – wie einige Märchen es berichten – einem allzu zögernden und gehemmten Märchenhelden wie etwa dem »Eselein« in dem Grimmschen Märchen oder dem »Kalberlkönig« in dem gleichnamigen österreichischen Märchen die für einige Zeit abgelegte Tierhaut wegzunehmen oder gar zu verbrennen. Aber wenn es zur Unzeit geschieht, wird das Leiden für den Betroffenen, der solcher Entblößung noch nicht gewachsen ist, nur verlängert und werden die Verwicklungen für alle Beteiligten nur größer und schwerer.

Des Igels Menschwerdung

»Wie's nun Abend ward, dass sie wollten schlafen gehen, da fürchtete sie sich sehr vor seinen Stacheln: er aber sprach, sie sollte sich nicht fürchten, es geschähe ihr kein Leid, und sagte zu dem alten König, er sollte vier Mann bestellen, die sollten wachen vor der Kammertüre und ein großes Feuer anmachen, und wann er in die Kammer einginge und sich ins Bett legen wollte, würde er aus seiner Igelshaut herauskriechen und sie vor dem Bett liegen lassen: dann sollten die Männer hurtig herbeispringen und sie ins Feuer werfen, auch dabei bleiben, bis sie vom Feuer verzehrt wäre.«

Gewiss steht Hans nun schon auf neuem Boden, den das Zutrauen des Königs und der Prinzessin ihm erschlossen haben; aber es ist dennoch ein nie erprobtes und ungeheures Wagnis, dass er den Entschluss fasst, in der nächsten Nacht, ehe er der Prinzessin begegnet, die Tierhaut abzulegen. Dieser Entschluss kommt genauso aus der Mitte seiner selbst wie jener erste, aus dem Elternhaus auszuziehen. Bei allem, was er an kleinen Wohltaten und Zuwendungen von seiten des Königs und der Prinzessin bis dahin erfahren hat, – damit ist es noch lange nicht getan. Doch fragt sich, ob das Ablegen der Tierhaut je hätte vollzogen werden können ohne die positive Wandlung des Vaterbildes unseres Hans, die durch die Begegnung mit dem zweiten König möglich geworden war. Durch diesen König, die positive Seite des Vaterbildes, wurde die weitere Entwicklung möglich.

Sehr viel Kraft und Entschlossenheit allerdings ist nötig, um die Igelhaut nun wirklich verbrennen zu können. Es bedarf eines großen Feuers und dazu der vier Männer, die den Vorgang ausführen und bewachen. Der Igel galt in Mesopotamien und Zentralasien, gelegentlich auch in Afrika, wegen des sonnenhaften Bildes seiner aufgestellten Stacheln übrigens auch als sonnenhaftes Tier, das mit dem Feuer und damit mit der Zivilisation in Verbindung stand. Hier geht es letztlich auch um die Umwandlung unseres rauhen Igel-Hans in einen »zivilisierten«, einen kultivierten Menschen, der die Tierseite endlich in ein volles Menschsein integriert. An dieser Stelle betont das Märchen ausdrücklich: Niemand anders als Hans selber vermag die Haut abzulegen. Keiner kann es für ihn tun, und es tut es auch keiner für ihn. Doch kennt er selbst die Gefahr, die Haut wieder zurückholen zu wollen, nachdem er selbst sie abgelegt hat. In einer Variante zu unserem Märchentyp, dem Grimmschen Märchen »Das Eselein«, wird diese Gefahr akut. Hans aber bestellt vier Männer, um sich selbst vor diesem Rückfall zu bewahren. Ausschlaggebend für seinen Mut, die Haut wirklich abzulegen, ist die Beziehung zu der Königstochter. Als sie ihre Angst ausdrückt, vermag er ihr zu sagen, sie brauche sich nicht zu fürchten. Ihr zuliebe vermag er, was eigentlich über seine Kraft geht. Er legt ab, was ihn hinderte, je einem Menschen ganz nahe zu kommen, die Igelhaut, die aber doch zugleich sein einziger Schutz war; er wagt es, sich verwundbar zu machen, schutzlos zu sein, damit Beziehung möglich werden kann – nach der vertrackten Geschichte von Ablehnungen, die sein Leben darstellt. Der Mut unseres Hans, die Igelhaut abzuwerfen – und verwunde er sich selbst dabei –, erweist sich zugleich als die Lösung für die Knoten seiner Lebensgeschichte. Gewiss wird ihm diese Tat nur möglich durch die Wärme, ja die Hitze des Feuers, die der Wärme seiner Emotion und seiner Leidenschaft für die Prinzessin entspricht. Schon zu Anfang erfahren wir, dass er zum Überleben Wärme, wenigstens am Ofen, brauchte. Jetzt brennt er selbst, das Feuer ist ein Bild für seine starken Gefühle für diese Frau, die es mit ihm wagt. Doch wenn wir genau lesen, nehmen wir wahr, dass er die Haut ablegt, noch ehe das Feuer angefacht ist. Das mag bedeuten, dass die Geste, die Haut abzuwerfen, als spontane Antwort auf den Mut der Frau zu verstehen ist, die es ins Unbekannte hinein mit ihm riskiert. Er weiß ja besser als sie, dass sie wirklich in Gefahr ist, wenn sie sich auf seine Stacheln, auf das Verletztwerden einlässt. Seine Antwort, noch ehe sie einander nahe gekommen sind, ist der radikale Schritt der Selbstveränderung, um sie damit vor ihm zu schützen. Hans opfert als erster, er bringt die »Vorleistung«, um einen wichtigen Begriff der Friedensbewegung zu verwenden. Er tut den ersten Schritt auf sie zu. Indem er das tut, brennt das Feuer erst richtig auf, erhebt sich die Leidenschaft in ihm, die sein Schutzverhalten auflöst und ablöst. Doch weiß er genau um die Gefahr, wir bedachten es schon, diese Haut womöglich nachträglich doch wieder zurückhaben zu wollen. So zwingt er sich selbst, indem er Zeugen und Mithelfer anstellt, bei seinem Entschluss zu bleiben.

Die Brandwunden

»Wie die Glocke nun elfe schlug, da ging er in die Kammer, streifte die Igelshaut ab und ließ sie vor dem Bett liegen: da kamen die Männer und holten sie geschwind und warfen sie ins Feuer; und als sie das Feuer verzehrt hatte, da war er erlöst und lag da im Bett ganz als ein Mensch gestaltet, aber er war kohlschwarz, wie gebrannt. Der König schickte zu seinem Arzt, der wusch ihn mit guten Salben und balsamierte ihn, da ward er weiß und war ein schöner junger Herr. Wie das die Königstochter sah, war sie froh, und am andern Morgen stiegen sie mit Freuden auf, aßen und tanken, und ward die Vermählung erst recht gefeiert, und Hans mein Igel bekam das Königreich von dem alten König.«

Das Bewegendste an diesem ganzen Vorgang ist für mich die Tatsache, dass Hans trotz seiner lauteren Absicht Brandwunden davonträgt, dass er selbst gebrannt wird, er ist ja hinterher schwarz. Obgleich sich das Feuer draußen, außerhalb seiner Person zu befinden scheint, hat das Verbrennen seiner Haut doch Spuren an ihm selbst hinterlassen, ihn selbst verkohlt. Wie können wir das verstehen? Es ist gerade das Echtheitszeichen dieses Märchens, dass es uns nicht von einer Illusion, einer billigen trickhaften Wandlung erzählt. Wir müssen uns vorstellen: Diese Igelhaut, die zwar selbst sein Brandmal war, aber doch auch sein einziger Schutz, so zart und verletzlich wie er war, löst er nun ab. Damit legt er sich offen, stellt sich bloß, verwundet sich. Es wird ihm wund und weh dabei. »Gebranntes Kind scheut das Feuer«, sagt das Sprichwort. Dies gebrannte Kind aber überwindet seine Scheu, obwohl dabei alle Wunden noch einmal aufgerissen und sichtbar werden. Er setzt sich ja der Gefahr des nochmaligen Abgelehntwerdens aus, seinem Kindheitstrauma. Bei vielen Erwachsenen, die als Kinder abgelehnt wurden, erleben wir doch, dass sie keine Liebe mehr wagen, die ihnen wirklich unter die Haut ginge und ganz an sie herankäme. Das ist nur zu begreiflich, weil sie sich einmal in ihrer Sehnsucht nach Angenommensein verbrannt haben. Hans wagt es noch einmal. Der ganze brennende Schmerz seiner Lebensgeschichte, das vergebliche Werben um den Vater, die entbehrte Mutter, die ihn ablehnende erste Braut, vor allem aber die Angst, was jetzt passieren könnte, die ganze Verwundbarkeit muss bei dieser Tat der Selbstbefreiung zunächst noch einmal aufgeflammt sein, muss ihm gleichsam schwere Brandwunden zugefügt haben. Es muss natürlich auch eine enorme Sehnsucht dahinter gestanden haben, endlich so zu werden wie andere Menschen auch: die Stachelhaut ablegen zu können, zur Liebe fähig zu sein; der Frau, die es riskiert, in solche Stacheln hineinzulieben, als ein adäquater Partner begegnen zu können – gerade weil er sich selbst am besten kennt, auch als den, der jene erste Prinzessin, die ihm nicht so offen begegnete, erbarmungslos zu zerstechen und zu verletzen vermochte. Das gegenteilige Verhalten, lieber die Stacheln aufgestellt zu lassen, zu verletzen, ehe man selbst verletzt wird, lag Hans mein Igel bisher viel näher, war ihm zur zweiten Haut geworden.

Im Rahmen einer Psychotherapie lernte ich ein Paar kennen, dass sich fast rettungslos in solch einen Zirkel gegenseitigen Sich-Verletzens verfangen hatte. Beide Partner hatten als Kinder von ihren Eltern heftige Ablehnung erfahren. Um möglicher Ablehnung von seiten des Partners zuvorzukommen, begegneten sie einander oft mit großer Sprödigkeit, ja Kälte, gerade dann, wenn sie sich am Abend zuvor sehr nahe gekommen waren. Es erschien ihnen unmöglich, die zarte, verwundbare Stelle dem Partner offenzulegen, um ihn so zur Behutsamkeit zu veranlassen. Allemal erschien ihnen der zuvorkommende »Erstschlag« als der bessere Schutz.

Im Unterschied zu diesem Paar legt Hans als erster seine Stachelrüstung ab, obwohl er noch nicht wissen kann, wie diese Hochzeitsnacht verlaufen wird; obwohl er noch nicht wissen kann, ob vielleicht er den Kürzeren ziehen und vielleicht von der Prinzessin abgelehnt werden wird. Aber dies zu wagen durchbricht den Zirkel seines Igel-Verhaltens. Um endlich in diesem Leben eine Liebe zuzulassen und erfahren zu können, die ihm unter die Haut geht, opfert er sein schützendes und wehrhaftes Stachelkleid. Aber statt uns nun zu sagen: Daraufhin wurde er schön und weiß, sagt das Märchen: Er wurde schwarz. Als er sich verwundbar macht, erlebt er sich zunächst wirklich als Verwundeter. Seine alten Wunden reißen auf und brennen vor Schmerz. Alle bisherigen Verletzungen seines Lebens, die er eingesteckt hat, liegen nun plötzlich bloß. Wenn solch ein Mensch zum ersten Mal Gefühl zulässt, kommt oft ein Moment, in dem er um sein ganzes bisheriges Leben weinen möchte, in dem es plötzlich aus ihm hervorbricht und er zum ersten Mal ausspricht, wie furchtbar schmerzhaft das alles für ihn war und noch ist, was man ihm angetan hat. Zuvor war es oft jahrelang verborgen und mit großer Tapferkeit und Herbheit einfach hinuntergeschluckt worden. Nun erst spürt er die verbrannten Stellen seines Wesens, seines Lebens, und fühlt sich schwarz an. Auch bei körperlicher Berührung – oder bei Körpertherapien wie Bioenergetik, Massage oder Atemtherapie – kann der liebevolle Körperkontakt die bisher blockierten Gefühle freisetzen und sich in einem fassungslosen Weinen entladen. Ich kann mir vorstellen, dass sich auch Hans bei seiner künftigen Frau einmal wird ausweinen müssen.

Manchmal erlebe ich solche Momente auch innerhalb einer Therapie: Wenn jemand sich endlich öffnen kann, sich vielleicht zum ersten Mal einem anderen Menschen, dem Therapeuten, anvertraut; wenn er sein igelhaftes Selbstbild, die Haut des Unverwundbaren, dessen, der sich allein durchschlägt, ablegt; wenn solch ein Mensch erstmals Hilfe annimmt – auch dazu, die Tierhaut eines Tages ablegen zu können –, dann ist es oft, als bräche zugleich ein großer Schmerz in ihm auf, darüber, das alte tapfere Selbstbild nicht mehr aufrechterhalten zu können. Oft habe ich es als sehr bewegend erlebt, wie Menschen ihren Igelstolz ablegen, um einen anderen, der Hilfe leisten könnte, überhaupt erst an sich heranzulassen. Dieses Gefühl drückte eine junge Frau so aus: »Ich glaube, dass ich mich verwundbar machen muss, um leben zu können. Ich habe es bisher immer nur bei anderen erlebt, dass sie sich nicht schützten, sondern dass sie verwundbar waren, habe es für Schwäche gehalten, jetzt ahne ich, dass es auch eine Stärke sein kann.«

Ohne dieses Sich-verwundbar-Machen kann nichts wirklich an einen herankommen, auch nicht die Heilung. Was kann aber nun mit einem solchen Verwundeten, unserem Hans mit seinen Brandwunden, geschehen? Es kann aus dieser Lage nicht sofort zur Begegnung, zur Umarmung der beiden Brautleute kommen. Wir können einen Menschen mit Brandwunden – auch seelischen – nicht sofort in die Arme nehmen, auch wenn wir ihn noch so sehr lieben. Für Hans ist vielmehr zunächst eine Therapie angezeigt, und zwar eine Therapie der Haut, die schon immer seine Problemzone, sein neuralgischer Punkt war. Hier im Märchen lässt der König den Hans durch seinen Arzt mit heilenden Salben behandeln. Wir machten uns zu Anfang klar, was es heißt, eine Igelhaut zu tragen: keine Zärtlichkeit bekommen zu haben und abgelehnt worden zu sein. Das behutsame Salben holt etwas von dem zärtlichen Hautkontakt, dem Streicheln nach, das Hans bei der Mutter so sehr entbehrt hat. Wenn das Schwarz-Sein unseres Hans auch mitbedeutet, dass er trotz des Abstreifens der Tierhaut noch nicht ganz erlöst ist, dann erfahren wir nun, wie rasch dieses letzte Brandmal unter der liebevollen Therapie weicht.

Eine junge Frau, von einem brutalen Vater psychisch geschädigt, die lange Zeit den Mann als solchen, auch den männlichen Körper, heftig abgelehnt hatte, träumt, dass sie den nackten Körper eines Mannes liebevoll salbe. Vom Zeitpunkt dieses Traumes an wandelt sich ihre Einstellung zu Männern grundlegend: Zuneigung und Zärtlichkeit werden ihr von nun an möglich. Der Mann, der in ihren Augen und in ihrem Gefühl durch die negativen Eindrücke, die der Vater vermittelte, zum Tier-Mann verwunschen war, nahm unter ihren Händen, die ihn zärtlich salbten, wieder menschliche Gestalt an.

Bei Hans ist es nicht die Braut selbst, sondern zunächst ist es des Königs Arzt, der ihm das Sich-wohl-Fühlen in seiner neuen und eigentlichen Haut ermöglicht. Er macht Hans dazu fähig, seiner Braut Zärtlichkeit zu geben und sie von ihr zu empfangen. Das Einreiben mit wirksamen Salben oder auch eine andere Körpertherapie, die die Haut einbezieht, Massagen oder Bäder können manchen Menschen, die sich in solch einem Zwischenstadium, wie unser Hans jetzt, befinden – ganz wund, aber auch ganz offen –, sehr wohl tun. Noch ist er zu empfindlich, zu verletzlich, als dass er sofort in eine verbindliche Beziehung eintreten könnte. Es ist in solchen Stadien unentbehrlich, zuerst einmal den Körper wirklich kennen zu lernen und ein gutes Körpergefühl zu entwickeln. Dann mag solch ein Mensch auch in der Beziehung zu einem anderen etwas zu geben haben.

Das Schwarz-Werden der Haut erinnert auch an Vorgänge der Alchemie: Dort gilt Schwarz als die erste Stufe beim Umschmelzen und Läutern des zu veredelnden Metalls. In dieser ersten Stufe des Veredlungsprozesses erscheint die Materie zunächst schwärzer als zuvor, da die

Schlacke sich auszusondern und abzusondern beginnt. So geht es auch vielen Menschen, wenn sie eine Therapie beginnen:

Zunächst erscheinen sie sich selbst dunkler, schwärzer, negativer als zuvor, gerade weil sie sich genauer wahrzunehmen beginnen, weil sie Schatten, Schlacken und Narben überhaupt erst in vollem Maße an sich bemerken. Sie sehen die Verwundungen, die sie sich im Laufe ihres Lebens zugezogen haben. Unserem Hans geht in diesem Stadium seine ganze Unfähigkeit, zu lieben und geliebt zu werden, auf, die bisher sein Leben bestimmt hat, – ein Grund, noch einmal sehr an sich zu zweifeln. Wir sollten uns seine Lage nicht harmlos vorstellen:

Dieser junge Mann steht einer Königstochter gegenüber, einer Frau also von hohem äußeren und inneren Rang, und hat die Chance, sie in dieser Nacht für sich zu gewinnen – und er bringt doch so wenig dafür mit, hat Zärtlichkeit und Zartheit kaum kennen gelernt, weiß nicht, wie umzugehen mit dem Körper und der Seele einer Frau. Es muss auch eine ungeheure Bangigkeit und Angst in ihm sein. Wohl deshalb auch lässt er vier Männer wachen – eine Ganzheit aufmerksamer Männlichkeit also –, um sich selbst daran zu hindern, kläglich zurückzukriechen in seine schützende Igelhaut.

Von einem Mann, der sich allnächtlich bei seiner Frau der angeborenen Eselshaut entledigt, am Tage aber angstvoll in sie zurückkriecht, berichtet das Märchen »Das Eselein«. In der Öffentlichkeit kann er noch nicht zu seiner wahren Art stehen, die er doch seiner Frau schon zu zeigen wagt. Dieser Ängstliche wird durch das liebevoll energische Eingreifen seines Schwiegervaters, des Königs, dazu gebracht, zu seinem wahren Wesen zu stehen. Der König lässt die Haut verbrennen, was aber in dem jungen Mann, der ihrer plötzlich beraubt ist, zunächst eine panikartige Reaktion, in der er flüchten will, auslöst.

In der fünftägigen Arbeitsgruppe, die sich in der Phantasie von Tag zu Tag tiefer in die Entwicklung unseres Hans vertieft hatte, wurde die letzte Sitzung, in der es um das Ablegen der Igelhaut gehen sollte, mit innerer Erregung erwartet. Einige der Teilnehmer hatten sich so stark mit Hans identifiziert und so in ihn hineingelebt, dass sie schon in der Nacht zuvor – nicht ohne Angst – versuchten, wie sie die Igelhaut ablegen könnten, Phantasien und Träume dazu hatten. Eine Teilnehmerin lag die ganze Nacht wach, weil sie spürte, dass in ihrem Leben wirklich und endgültig die Zeit gekommen war, ihre Igelhaut dem Partner gegenüber abzulegen.

Eine Frau erlebte sich in der Rolle der Partnerin des Igels, die sehnsüchtig darauf wartet, dass ihr Mann die Stacheln ablegt, die erschüttert erlebt, dass er es tut und sich dabei sehr verletzt – und die ihn dann hingegeben und mit großer Zärtlichkeit gesundpflegt.

Das Ablegen und Verbrennen der Haut wurde von allen mit großen, oft physisch empfundenen Schmerzen erlebt. Am schlimmsten von denen, die in ihrer wirklichen Lebenssituation noch nicht ganz so weit waren, die Schutzhaut ablegen zu können. Einem Teilnehmer wurde sie in der Phantasie von anderen über die Ohren gezogen.

Eine junge Frau erlebte sich in der männlichen Rolle des Igels einer Königstochter gegenüber, die ihn mehr fürchtet als liebt und die sich ihm zunächst nur deshalb zuwendet, weil sie ihres Vaters Versprechen einlösen will, also nur ihrem Vater zuliebe. Er empfindet sie als anständig, als fair, aber trotzdem als eine ebenso »dumme Kuh« wie die erste Prinzessin, weil sie noch von ihrem Vater abhängig ist und den Partner noch gar nicht wirklich sieht. Aber so tut sie ihm leid, auch er möchte ihr gegenüber fair sein und sie nicht verletzen. So reißt er sich unter großen Schmerzen die Igelhaut ab, unter deren Stacheln sie sonst unweigerlich geraten würde.

Es wurde uns klar, dass es in der Phantasie dieser jungen Frau zunächst darum geht, sich zu ihren eigenen weiblichen Seiten, der Prinzessin, fair zu verhalten und sie nicht länger zu verletzen, hatte sie doch ihre eigene Weiblichkeit, diese »dumme Kuh«, die vom Vater abhängig ist, bisher verachtet und abschätzig behandelt.

Der Mann in ihr, der zustechende Igel-Hans, will nun fair sein gegenüber der »dummen Kuh«, die ja auch unfreiwillig in diese Situation geraten ist, in der sie sich begegnen. Es fällt ihm schwer, ist schmerzhaft, auf die ihm/ihr bisher so geläufige Verachtung, Selbst-Verachtung, zu verzichten.

Aber so bahnt sich eine Annahme der eigenen, vom Vater geschädigten Weiblichkeit an, die dieser jungen Frau auch ermöglichen wird, ihre Beziehungsfähigkeit zu einem männlichen Partner noch zu differenzieren.

Nun hat das Märchen offenbar die Vorstellung, dass dieser Prozess sich in einer einzigen Nacht vollziehen könne und dass eine einzige Nacht auch zur Heilung der Brandwunden genüge. Diese Zeitangabe sollten wir vielleicht nicht zu wörtlich nehmen. Das Märchen will vielmehr ausdrücken, dass die Heilung gleichsam in einem Zuge erfolgt, sehr bald eintritt, nachdem Hans die neue Einstellung gewonnen und seine Igelhaut wirklich abgelegt hat. Das Märchen kommentiert: »Als das die Königstochter sah, ward sie froh, und des andern Morgens stiegen sie mit Freuden auf, aßen und tranken und ward die Vermählung erst recht gefeiert.« Die Vermählung wurde also nach dieser Aussage gleich zweimal gefeiert. Es scheint wohl auch noch einmal wichtig, wahrzunehmen, dass nicht die Königstochter selbst ihren Mann hier gesundpflegt. Viele Frauen meinen ja, sie könnten ihren Mann allein durch Liebe therapieren. Eifersüchtig wachen sie womöglich darüber, dass kein Dritter sich einmischt, wenn es um die Therapie ihres Mannes geht. Bei einer auch nur ähnlich gestörten Lebensgeschichte wie der unseres Hans wäre jedoch mit Liebe allein nicht genug auszurichten, vielmehr wäre eine Phase fachlicher Betreuung angezeigt, ehe die volle Partnerschaft realisiert werden könnte. Nachdem aber unser Hans die Salbenkur genossen hat, ist, so berichtet das Märchen, auch ausdrücklich die Beziehung zwischen ihm und der Königstochter möglich geworden und geglückt. Der König wird hier vollends als positiver Vater geschildert, da er es ist, der sofort Rat weiß, was für den brandverletzten Schwiegersohn zu tun sei, und der die ärztliche Behandlung auch unverzüglich in die Wege leitet. Die Wandlung des Vaterbildes zum Positiven ist hier dokumentiert.

Eine Therapie kann wohl vor allem die Beziehungsfähigkeit solcher Menschen fördern, die sich innerlich bereits auf eine verbindliche Partnerschaft zubewegen, wie es unser Hans und seine Prinzessin tun. Solche Menschen spüren, gerade weil eine Partnerin oder ein Partner für sie bereitsteht, dass sie noch eine Menge innerer Problematik aufarbeiten sollten, um nicht in Versuchung zu kommen, sie dem Partner anzulasten oder sie gar auf ihn zu projizieren. Weil es ihnen mit der Beziehung ernst ist, suchen sie in diesem Stadium der Annäherung eine fachliche Therapie für sich selbst, um aufzuarbeiten, was die künftige Partnerschaft sonst stark belasten könnte und müsste. Hans und seine Prinzessin haben nach dieser Salben-Therapie offensichtlich wirklich zueinander gefunden – und Hans mein Igel bekam vom alten König das Königreich übertragen. Das ist hier in einem einzigen Satz gesagt, bedeutet aber nicht mehr und nicht weniger, als dass er, Hans, nun zu der Autorität des Landes wird, an der andere sich orientieren. Das heißt König sein.

Er hat sich so deutlich als fähig erwiesen, Verantwortung zu übernehmen und zu tragen, dass er, im Unterschied zu den Helden der meisten anderen Märchen, sofort das Königreich übertragen bekommt. Die Bevollmächtigung, das Reich zu übernehmen, wird ihm nicht erst nach dem Tod des alten Königs übergeben. Hans hat vielmehr den alten König schon jetzt so überzeugt, dass er freiwillig vor dem zurücktritt, der ihm schon zu Anfang aus eigener Orientierungslosigkeit im Bereich des Unbewussten geholfen hatte. Dass Hans König wird, heißt auch: Der neue höchste Wert im Lande wird nun von einem Menschen verkörpert, der eine solche Entwicklung wie Hans hinter sich gebracht hat, der aus Armut und Ablehnung kommt, kein Hochgeborener, kein Reicher, kein Verwöhnter ist, dem nichts erspart wurde, der sich aber mutig seiner Geschichte und seiner Entwicklung gestellt hat bis hin zu dem Entschluss, die schützende Igelhaut aufzugeben, um endlich beziehungs- und verantwortungsfähig zu werden.

Der heimgeholte Vater

»Wie etliche Jahre herum waren, fuhr er mit seiner Gemahlin zu seinem Vater und sagte, er wäre sein Sohn; der Vater aber sprach, er hätte keinen, er hätte nur einen gehabt, der wäre aber wie ein Igel mit Stacheln geboren worden und wäre in die Welt gegangen. Da gab er sich zu erkennen, und der alte Vater freute sich und ging mit ihm in sein Königreich.«

Charakteristisch in diesem Märchen ist der Schluss, in dem sich Hans noch ein letztes Mal auf den Vater zurückbezieht. Das Vater-Problem ist diesem jungen Mann so sehr eingeprägt, hat ihn so deutlich gezeichnet und belastet, dass er nicht darum herumkommt, es schließlich doch noch lösen zu wollen, und wäre er inzwischen auch selber König geworden. Gerade wegen dieser Entwicklung zu seiner eigenen höchsten Möglichkeit – das ist ja der König in uns – kann er nun auf die Lösung auch dieses bisher unlösbaren Problems hoffen. »Etliche Jahre« allerdings verstreichen, ehe die Situation reif wird. Er hat keinen Frieden, wenn der Vater nicht zuletzt doch noch in sein Leben einbezogen werden kann. Den Vater innerlich annehmen zu können wird übrigens auch dann wichtig, wenn es darum geht, selbst Vater zu werden.

Hans hat Grund zu hoffen: Er ist ein völlig Verwandelter. Er ist König des Landes, das heißt, innerpsychisch verstanden, er ist souverän geworden, Herr im Haus seiner Psyche. Er ist der, der aus der Kraft seiner bemerkenswerten Entwicklung, einer unaufhaltsamen Ausfaltung des eigenen Selbst, seine alte Haut wirklich ablegen konnte. Auch das sehr Bedürftige, das ihn als abgelehntes Kind charakterisierte und das die Eltern auch immer wieder zu Ungeduld mit ihm gereizt haben mag, ist nun abgeworfen und aufgehoben in seiner neuen Selbständigkeit und Selbstgewissheit. Hans ist ein völlig Veränderter. Nicht so sein Vater. Es ist noch einmal hart zu hören, dass dieser Vater, nach seinem Sohn gefragt, zunächst, als glaube er selbst daran, behauptet, er habe nie einen Sohn gehabt.

In den Märchen wird oft derjenige, der nach der Eingangsfabel »Es war einmal« als erster genannt wird, als der eigentlich Erlösungsbedürftige erkennbar, um dessen Befreiung es in dem ganzen Märchen geht. In unserem Märchen wird so der »reiche Bauer«, der Vater, eingeführt. Unbeirrt geht das Märchen auch der Erlösungsbedürftigkeit dieses Vaters nach und sucht sie, wie wir sehen, einer Wandlung entgegenzuführen. Das Märchen bleibt sich insofern treu, als es die Geschichte dieses Bauern, den es als ersten nennt, bis zu Ende durchführt. Wir könnten das Märchen tatsächlich auch als eine Entwicklungsgeschichte des Bauern lesen, der diesen Igel als eigenes Problem in sich trug. Dies wäre zugleich ein brisanter Hinweis darauf, wie die Problemkinder einer Familie immer auch die ungelösten Probleme ihrer Eltern darstellen und austragen müssen. Ein widerborstiger, zum Sich Einigeln neigender Bauer wäre demnach der Vater unseres Hans gewesen. Kein Wunder, dass er sich mit dieser Art den Spott der Nachbarn zuzog und dass sein Sohn bewusst so widerborstig wurde, wie der Vater es vielleicht unbewusst war.

»Genauso war ich auch«, sagte ein Vater, fast aufleuchtend, als sich der Lehrer, wie er mir erzählte, über seinen bockigen Sohn beklagte. Das gibt es also auch. Der Vater unseres Hans aber wollte nichts mit der Igelart, der Stacheligkeit dieses Jungen zu tun haben. Der Bauer mag als Reaktion auf seine Stacheln jedenfalls eine Menge Sticheleien von Seiten der Dorfgenossen abbekommen haben. Auch das mag in ihm der Igel, die Igelart, konstelliert haben.

Auch wenn ich diesen Gedankengang nicht mehr im einzelnen ausführen kann, aufschlussreich wäre es doch, die Geschichte rückblickend auch als innere und äußere Geschichte eines Vaters zu lesen. Ich habe mich entschieden, dieses Märchen in erster Linie als Entwicklungsgeschichte eines vom Vater abgelehnten Jungen zu interpretieren, weil es aus dieser Perspektive seine Anschaulichkeit und kritische Schärfe am besten zeigt, auch die meisten Anreize bietet, Aspekte der eigenen Lebensgeschichte in ihm wiederzufinden und am Schicksal des Hans zu reflektieren.

Einer Beobachtung aus mancher Therapie mag der Schluss des Märchens, in dem nun auch dieser »verlorene« Vater in das neue Leben des Sohnes hereingeholt wird, entsprechen. Gerade in solchen Therapien, die nach menschlichem Ermessen gelungen sind, kann am Ende das Ergebnis stehen, dass der Betroffene als veränderter, souverän gewordener Mensch wieder mit den Eltern zusammenkommt und dass Vater und Mutter im Nachdenken über ihre Geschichte mit dem Sohn oder der Tochter auch selber noch einen Entwicklungsschritt zu tun vermögen. Es ist sehr selten, aber unmöglich ist es nicht. Es kann sein, dass Eltern und erwachsene Kinder sich plötzlich wieder etwas zu sagen haben, dass wieder Sympathie füreinander aufkommt. Von dem Zeitpunkt an, in dem man nicht mehr das gleiche wie früher voneinander erwartet, will und kann man füreinander wieder attraktiv werden. Das geschieht in der Phase, in der der erwachsene Sohn, die erwachsene Tochter wirklich gelernt haben, die Eltern nicht mehr zu brauchen, auch nicht mehr zu gebrauchen, in der sie wirklich ohne die Eltern leben können. Damit wird die Tür geöffnet für eine neue Begegnung der Generationen. Vater und Mutter für immer abschreiben zu müssen, bedeutet auch einen Verlust und einen Riss in der persönlichen Lebensgeschichte, den man nur auf sich nehmen sollte, wenn es nicht anders geht.

Noch einmal mag hier auffallen, dass die Mutter des Hans unerwähnt bleibt. Sie war nicht sein Hauptproblem, doch hat sie auch nicht verstanden, Hans ein positives Gegengewicht gegen den Vater zu bieten. Dafür ist jetzt eine Frau, die Königstochter, die Königin, an seine Seite gerückt.

Die beiden Male, in denen er ins Dorf zurückkommt, einmal mit den Schweinen und Eseln, das andere Mal als König mit einer Königin an der Seite, zeigen doch eine erhebliche Veränderung in den Lebensumständen und auch im Wesen unseres Hans an. Vielleicht ist es die bedeutsamste Aussage dieses Märchens – die von vielen anderen Märchen bestätigt wird –, dass ein Ausnahmeschicksal besonderer Not, wie es unserem Hans auferlegt war, auch eine Aussonderung darstellt, einen Ruf auf einen Weg, der weit über das hinausführt, was eine normale Familienkonstellation ihm sonst an Zukunftsmöglichkeiten eröffnet hätte. Mit dem Märchenhelden erleben wir – und finden es immer wieder auch in der Wirklichkeit bestätigt –, dass Kinder, die aus ihrer Familie hinausgedrängt oder verstoßen werden – falls sie es überleben! –, besonders starke Lebenskräfte mobilisieren, so dass sie ihre Familie weit zu überwachsen vermögen, sowohl was ihre berufliche Entwicklung als auch was ihr persönliches Bewusstseinsniveau betrifft; dass sie zuletzt sogar oft die respektable Rolle desjenigen in der Familie übernehmen, den die übrigen um Rat fragen und der in dem Knäuel der Familienprobleme entwirrend tätig werden kann. Auch die junge, die nächste Generation einer Familie geht oft zu demjenigen, der über eine Außenseiterposition zu einer eigenständigen Persönlichkeit wurde, eine besondere Vertrauensbeziehung ein: als wittere sie die neuen Werte, das neue Prinzip, dem – wie bei unserem Hans, der nun König ist – die Zukunft gehört. Die nächste Generation, von dem gleichen Familienmuster geprägt, fühlt sich oft stark zu dem ehemaligen Außenseiter hingezogen, der den alten Bann brach, indem er sich dem Problem der ganzen Familie bewusst gestellt hat.

Die Deutsche Bibliothek – CIP-Einheitsaufnahme
Ein Titeldatensatz für diese Publikation ist bei
Der Deutschen Bibliothek erhältlich

Durchgesehene und neu gestaltete Ausgabe des
erstmals 1984 im Kreuz Verlag Zürich erschienenen Titels

1 2 3 4 5 05 04 03 02 01

Ein Unternehmen der Verlagsgruppe Dornier
Postfach 80 06 69, 70506 Stuttgart, Tel. 0711-78 80 30
Sie erreichen uns rund um die Uhr unter www.kreuzverlag.de
Umschlaggestaltung: Jürgen Reichert
Umschlagfoto: Hans Hug
Satz: de·te·pe, Aalen
Druck und Bindung: Clausen & Bosse, Leck
Die Schreibweise entspricht den Regeln
der neuen Rechtschreibung.
ISBN 3 7831 1969 3